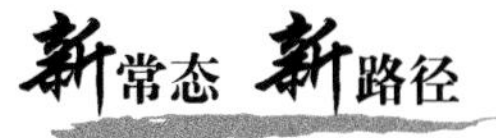

扶持政策对农业龙头企业绿色食品开发行为与绩效的影响

——以江西省为例

张明林 / 著

XINCHANGTAI XINLUJING

FUCHI ZHENGCE DUI NONGYELONGTOU QIYE
LVSE SHIPIN KAIFA XINGWEI YU JIXIAO DE YINGXIANG
—YI JIANGXISHENG WEILI

经济管理出版社
ECONOMY & MANAGEMENT PUBLISHING HOUSE

图书在版编目（CIP）数据

扶持政策对农业龙头企业绿色食品开发行为与绩效的影响研究——以江西省为例/张明林著.
—北京：经济管理出版社，2016.10
ISBN 978-7-5096-4611-3

Ⅰ.①扶…　Ⅱ.①张…　Ⅲ.①绿色食品—产业发展—研究—中国　Ⅳ.①F426.82

中国版本图书馆 CIP 数据核字（2016）第 225926 号

组稿编辑：丁慧敏
责任编辑：丁慧敏
责任印制：黄章平
责任校对：王淑卿

出版发行：经济管理出版社
（北京市海淀区北蜂窝 8 号中雅大厦 A 座 11 层　100038）
网　址：www. E-mp. com. cn
电　话：（010）51915602
印　刷：北京九州迅驰传媒文化有限公司
经　销：新华书店
开　本：720mm×1000mm/16
印　张：12.75
字　数：208 千字
版　次：2016 年 10 月第 1 版　　2016 年 10 月第 1 次印刷
书　号：ISBN 978-7-5096-4611-3
定　价：48.00 元

联系地址：北京阜外月坛北小街 2 号
电话：（010）68022974　　邮编：100836

前　言

随着中国资源和环境压力的日益增大、农业发展战略的转变以及人们对食物质量要求的提升，推进绿色食品产业发展越来越成为当前社会关注的热点。中央和各级地方政府出台了一系列支持绿色食品产业发展的扶持政策。根据《中共中央、国务院关于做好2000年农村工作的意见》（中发〔2000〕3号）精神，农业部、原国家发展计划委员会等八部委提出了《关于扶持农业产业化经营重点龙头企业的意见》（以下简称《意见》）。《意见》提出，将绿色食品企业优先纳入农业产业化重点龙头企业，并在基地建设、技术改造项目贷款、中央财政、税收减免、出口融资贴息、发行股票等方面进行支持。之后，各地方政府也推出绿色食品产业发展政策。如江西省推出《江西省人民政府关于推进江西战略性新兴产业超常规发展的若干意见》（赣府发〔2010〕29号）。但这些扶持政策效果如何？我国绿色食品扶持政策能否促进农业龙头企业绿色食品开发行为，对企业绩效的影响路径如何？这些问题迫切需要学术界进行实证检验，以便为政府部门提供有效的政策依据。

本书共分十二章。第一章为绪论部分；第二章为绿色食品、扶持政策及其产业发展现状；第三章为国内外研究现状及相关理论；第四章为农业龙头企业开发绿色食品的创新行为机制研究；第五章为绿色食品农业龙头企业绩效测定；第六章为农业龙头企业绿色食品开发意愿的影响因素；第七章为扶持政策对农业龙头企业绿色食品开发强度的影响研究；第八章为扶持政策对绿色食品农业龙头企业相对绩效影响分析——基于DEA—Tobit方法；第九章为扶持政策对绿色食品农业龙头企业绩效的影响机制研究——基于江西省调研数据；第十章为市场导向对绿色食品农业龙头企业长期绩效的影响机制研究；第十一章为绿色食品产业扶持政策需求调研——基于企业视角；第十二章为我国绿色食品产业扶持政策设计与优化。

本书是国家自然基金课题“扶持政策对农业龙头企业绿色食品开发行为及其绩效的影响——以江西省为例”的研究成果集结。研究结论证实了扶持政策有效地促进了农业龙头企业积极参与开发绿色食品，但对绿色食品开发强度的提升效果不明显，不同的扶持政策对绿色食品企业绩效的影响效果不同。扶持政策对农业龙头企业动态能力的影响不明显，但能够缓解企业财务压力，增加企业利润。本书的研究成果对于政府科学制定和优化绿色食品产业扶持政策，提供了许多参考建议。如为提高扶持政策资金投入的有效性，有必要构建一个政策扶持主体的评价体系，并侧重于扶持绿色食品开发程度高的农业龙头企业，对“漂绿”动机明显的农业龙头企业，减少资金支持；又如政府主管部门要构建一个以“企业动态能力”为核心的考核指标体系，重点扶植学习能力高和动态能力强的农业龙头企业，以扶“强”不扶“弱”替代扶“大”不扶“小”的思维等。

目　录

第一章 绪 论

第一节 研究背景及问题提出

一、研究背景

随着中国资源和环境压力的日益增大、农业发展战略的转变以及人们对食物质量要求的提升，推进绿色食品产业发展越来越成为当前社会关注的热点。国家“十三五”规划纲要指出，绿色是永续发展的必要条件和人民追求美好生活的重要体现。必须坚持节约资源和保护环境的基本国策，坚持可持续发展，坚定走生产发展、生活富裕、生态良好的文明发展道路，加快建设资源节约型、环境友好型社会，形成人与自然和谐发展的现代化建设新格局，推进美丽中国建设，为全球生态安全做出新贡献。要加快完善农业标准，全面推行农业标准化生产。加强农产品质量安全和农业投入品监管，强化产地安全管理，实行产地准出和市场准入制度，建立全程可追溯、互联共享的农产品质量安全信息平台，健全从农田到餐桌的农产品质量安全全过程监管体系。强化农药和兽药残留超标治理。严格食用农产品添加剂控制标准。开展国家农产品质量安全县创建行动。加强动植物疫病防控能力建设，强化进口农产品质量安全监管。创建优质农产品品牌，支持品牌化营销。

中央和各级地方政府出台了一系列支持绿色食品产业发展的扶持政策。根据《中共中央、国务院关于做好 2000 年农村工作的意见》（中发〔2000〕3 号）精神，农业部、原国家发展计划委员会等八部委提出了《关于扶持农业产业化经营重点龙头企业的意见》（以下简称《意见》）。《意见》提出，将绿色食品企业优先纳入农业产业化重点龙头企业，并在基地建设、技术改造项目贷款、中央财政、税收减免、出口融资贴息、发行股票等方面进行支持。之后，各地方政府也推出绿色食品产业发展政策。如江西省推出《江西省人民政府关于推进江西战略性新兴产业超常规发展的若干意见》（赣府发〔2010〕29 号），且有七项配套政策。

在政策支持下，中国绿色食品企业依托环境和资源优势，取得了明显成效，为保护我国农业生态环境、推动农业标准化生产、提升农产品质量安全水平、扩大农产品出口、促进农业增效和农民增收发挥了重要的作用。1996~2010 年，我国认证绿色产品标志的企业数量以每年 20.6%的速度增长，绿色食品品牌标志以每年 25.3%的速度增长，实物产量以每年 25.8% 的速度增长，出口额以每年 48.6%的速度增长，年销售额以每年 23%的速度增长，产地监测面积以每年 18.4%的速度增长，中国绿色食品产业已经成功跨越产业形成期，处于成长期向成熟期过渡阶段。

二、问题提出

当前绿色食品产业发展也面临诸多问题。其中一个核心问题就是绿色食品产业虽然初具规模，但企业规模偏小、市场集中度仍然偏低、绿色资源配置效率低下。更为严重的是，企业规模小、市场集中程度不高又将导致农业龙头企业过度竞争，绿色产品回报率低，进而影响到企业发展绿色食品的积极性。针对这一问题，产业结构学派做出富有价值的探索。他们认为通过优化产业结构可将各种投入要素转化为产品以满足社会需求结构，进而提高资源配置效率。虽然这种研究非常有现实价值，但没有回答为什么绿色食品企业规模偏小，为什么市场集中度偏低，现有的研究者很少从这个方面进行探索。然而，不对这一问题做出回答，将更难以找到绿色食品产业发展的有效对策。

我们猜测：在绿色食品产业成长期，由于政策扶持的作用，农业龙头企业对绿色食品认证充满热情，导致参与开发绿色食品的农业龙头企业数量快速增长，而企业进入绿色食品行业之后，却缺乏绿色化扩张的动力。两种力量共同作用，导致绿色食品产业集中度偏低。为此，笔者根据《中国绿色食品统计年报》

(2006~2010)，将绿色食品总规模除以企业数量，发现每个企业拥有的绿色食品品牌标志平均只以每年 3.8%的速度增长，销售额只以 1.9%的速度增长，产地监测面积以每年 1.8%的速度负增长。根据这些数据，笔者进一步测算出：绿色食品企业数量的扩张为产业快速成长提供 80%的贡献率，企业内部绿色化扩张带来的贡献率却不足 20%。王德章（2007）关注到绿色食品企业平均销售额在变小，刘呈庆（2010）发现农业龙头企业往往采用“局部绿色化”策略。这些发现佐证了笔者的判断。

显然，从微观的视角研究“扶持政策对农业龙头企业绿色食品开发行为及其绩效的影响”，不仅可以实证分析上述猜想是否正确（即扶持政策有效地促进了农业龙头企业积极参与开发绿色食品，但对绿色食品开发强度的提升效果不明显），而且可以通过研究扶持政策对绿色食品企业绩效的影响效果及其作用机理，进一步探寻农业龙头企业绿色化扩张动力不足的根本原因。此外，本书的研究成果有助于政府科学制定和优化绿色食品产业扶持政策，从而为提高绿色食品产业资源配置效率、促进绿色食品农业龙头企业持续健康发展、带动农户增收做出重要贡献。

江西省地处经济欠发达的中部地区，是传统的农业大省，农业生态环境非常好，国务院已于 2009 年 12 月 12 日正式批复《鄱阳湖生态经济区规划》，标志着建设鄱阳湖生态经济区正式上升为国家战略。之后，江西省在“十二五”规划中将绿色食品产业作为其“战略型新兴产业”进行重点支持。据江西省农业厅统计，2010 年，江西省绿色（有机）食品产品总数达 1464 个，居全国第八位；有机食品产品总数达到 798 个，居全国第二位；拥有全国健康食品标准化生产基地达 40 个，生产基地面积 800 多万亩，居全国第二位；绿色（有机）食品销售收入达到 231 亿元。尽管如此，江西省绿色食品农业龙头企业也面临着绿色食品规模小、绿色食品业务成长缓慢、带动绿色农户能力弱的现实困境。本书以江西省绿色食品农业龙头企业为例，研究扶持政策对农业龙头企业绿色食品开发行为及其绩效影响，考察各政策因素的作用效果和作用机理，为政府科学制定和优化扶持政策、促进绿色食品产业健康发展，提供重要的决策参考依据。

第二节 研究目标和研究内容

一、研究目标

本书利用计量经济模型考察扶持政策、政府规制、市场因素、企业因素及其交互因子对农业龙头企业参与绿色食品开发意愿（行为）的影响大小、方式及内在机理，接着分析扶持政策对农业龙头企业绿色食品开发强度的影响。在此基础上，进一步深入研究扶持政策与绿色食品农业龙头企业绩效的关系及作用机理。在案例考察及综合分析的基础上，提出优化绿色食品产业的扶持政策建议。预期研究成果为政府科学制定农业龙头企业的绿色食品扶持政策提供参考。

具体研究目标有以下五个：

（1）扶持政策对农业龙头企业参与绿色食品开发意愿（行为）的影响，分析各因素的作用大小、方式及内在机理。

（2）扶持政策与农业龙头企业绿色食品开发强度的关系。

（3）扶持政策、绿色食品开发强度与农业龙头企业绩效的关系。

（4）扶持政策影响绿色食品农业龙头企业绩效的作用机理。

（5）构建和优化绿色食品产业扶持政策。

二、研究内容

（一）扶持政策对农业龙头企业参与绿色食品开发意愿（行为）的影响研究

根据企业战略理论，企业产品战略的制定受外部环境与内部资源共同影响。依据文献资料，我们初步认为，扶持政策、规制因素、企业因素、市场因素对农业龙头企业参与绿色食品开发意愿（行为）产生影响，为研究扶持政策影响农业龙头企业参与绿色食品开发意愿（行为）的内在机理，我们将扶持政策与其他因素交互因子作为自变量。

研究假设：扶持政策、规制因素、企业因素、市场因素及政策与其他因素交互因子对农业龙头企业参与绿色食品开发的意愿（行为）产生显著影响。

模型与变量：农业龙头企业参与绿色食品开发的意愿（行为）=F（政策支持、企业因素、规制因素、市场因素……政策支持×企业因素、政策支持×市场因素、政策支持×规制因素……）+随机干扰项。

本部分因变量有两个，都是“0–1”变量，一是农业龙头企业参与绿色食品开发的意愿，结果有愿意和不愿意两种；二是农业龙头企业参与绿色食品开发行为，结果有已经开发和没有开发两种。政策支持变量将按虚拟变量处理（如农业龙头企业是否有基地建设资金补贴、是否有贷款贴息、是否有绿色品牌认证补贴、是否有税收减免等政策、是否有项目支持、是否有营销支持、是否有物流支持、是否有培训支持，如果有则为“1”，没有则为“0”）。企业因素包括企业特征、自然资源禀赋、企业家特征、组织结构、资本结构等。其中，企业特征按照所有制和规模划分离散变量，如民营企业为“0”，国有企业为“1”；省级企业以上为“2”，市级以下为“1”；自然资源禀赋分为重要性、稀缺性和可获得性三个维度调研，测算其平均值；资本结构按照股本比例测算；组织结构按照直线制、直线职能制、事业部制等方式形成离散变量，如直线制为“1”，直线职能制为“2”，事业部制为“3”；企业家特征变量包括企业家学历、经历、冒险性、控制性等；市场因素包括产品价格、顾客需求、竞争程度等；规制因素包括市场监管、产品质量保证体系、法律法规等；当然，各因子变量还要在实践调查基础上进行设计和完善。模型中引入政策支持与其他变量的交互项，是为了更好地弄清各项政策影响农业龙头企业参与绿色食品开发的意愿（行为）的内在作用机理。

样本：采用分层随机方法，拟在江西省随机抽取 100 个样本。其中，省级及省级以上农业龙头企业抽 40 个样本，市级或市级以下农业龙头企业抽 60 个样本，对抽取样本企业进行问卷调查。

（二）扶持政策对农业龙头企业绿色食品开发强度的影响研究

本部分主要研究各政策投入量与农业龙头企业绿色食品开发强度关系。绿色食品开发强度有两个可测指标：一是绿色产品标志数量；二是绿色产品规模，分别将它们作为因变量单独研究。

研究假设：绿色品牌补贴量、生产基地建设补贴量与企业开发绿色产品标志数量关系显著；生产基地建设补贴量与绿色产品规模关系显著；扶持政策总投入量与企业开发绿色产品标志数量和绿色产品规模关系不显著。

模型与变量：

$$y = a + bx_1 + cx_2 + dx_3 + ex_4 + fx_5 + gx_6 + hx_7 + kx_8 + \varepsilon \quad \text{式 (1-1)}$$

式（1-1）中，y 为农业龙头企业开发绿色产品标志数量（规模）；x_1 为绿色品牌补贴量；x_2 为生态基地建设补贴量；x_3 为项目支持量；x_4 为贴息贷款量；x_5 为税收减免量；x_6 为培训金额；x_7 为营销量；x_8 为政策总投入量，ε 为随机干扰项，a、b、c、d、e、f、g、h、k 为变量系数。

绿色食品标志数量指企业获得农业部认证的绿色产品标志的个数；绿色食品规模是指企业生产绿色食品的产量或销售额。

根据政策投入量与农业龙头企业绿色食品开发强度关系模型的实证分析结果，从自变量的系数，判断各扶持政策对农业龙头企业绿色食品开发强度的影响方向和程度以及总扶持政策对绿色食品开发强度的综合影响效果。

样本：采用分层随机方法，拟在江西省农业龙头企业中随机抽取 100 个样本。其中，省级及省级以上抽 40 个样本，市级或市级以下农业龙头企业抽取 60 个样本，对抽取样本企业进行问卷调查。

（三）扶持政策、绿色食品开发强度与农业龙头企业绩效关系研究

本部分内容以全要素生产率（TFP）作为企业相对绩效，采用 DEA—Tobit 两步法研究各扶持政策与绿色食品农业龙头企业绩效关系。

研究假设：各扶持政策对绿色食品农业龙头企业全要素生产效率、技术效率、规模效率、技术进步有不同程度的影响，绿色食品开发强度与农业龙头企业绩效关系不显著。更具体的假设将在以后的项目研究中提出。

模型与变量：该研究采用 DEA—Tobit 模型。先是运用 DEA 进行绩效测评，其数值分布于 0~1 的双截尾数据，此时不能用多元线性回归模型进行分析，而是用 Tobit 进行分析。

第一步，运用 CCR 模型评估出决策单元的效率值。效率值包括全要素生产率、技术效率和规模效率。投入指标包括贷款贴息、绿色品牌认证补贴、税收减免、科技支持、生态基地补贴、项目支持、营销等政策投入量、企业资产、职工工资；产出指标包括主营业务收入总额、净利润、税收等。

第二步，以全要素生产效率（TFP）、技术效率（EC）、技术进步率（TC）为因变量，以各扶持政策和绿色产品开发强度为自变量，对相关影响因素的绝对变量取对数，建立回归模型：

$$\ln TFP = \beta_0 + \beta_1 \ln Z_1 + \beta_2 \ln Z_2 + \beta_3 \ln Z_3 + \beta_4 \ln Z_4 + \beta_5 \ln Z_5 + \beta_6 \ln Z_6 + \beta_7 \ln Z_7 + \beta_8 \ln Z_8 + \gamma_1 \ln Z_9 + \gamma_2 \ln Z_{10} + \varepsilon \qquad 式（1–2）$$

$$\ln EC = \beta_0 + \beta_1 \ln Z_1 + \beta_2 \ln Z_2 + \beta_3 \ln Z_3 + \beta_4 \ln Z_4 + \beta_5 \ln Z_5 + \beta_6 \ln Z_6 + \beta_7 \ln Z_7 + \beta_8 \ln Z_8 + \gamma_1 \ln Z_9 + \gamma_2 \ln Z_{10} + \varepsilon \qquad 式（1–3）$$

$$\ln TC = \beta_0 + \beta_1 \ln Z_1 + \beta_2 \ln Z_2 + \beta_3 \ln Z_3 + \beta_4 \ln Z_4 + \beta_5 \ln Z_5 + \beta_6 \ln Z_6 + \beta_7 \ln Z_7 + \beta_8 \ln Z_8 + \gamma_1 \ln Z_9 + \gamma_2 \ln Z_{10} + \varepsilon \qquad 式（1–4）$$

式（1–2）、式（1–3）、式（1–4）中，Z_1、Z_2、Z_3、Z_4、Z_5、Z_6 为各政策投入量，Z_7 为绿色产品标志数量，Z_8 为绿色产品规模，Z_9 为企业资产，Z_{10} 为职工工资。当然，在具体研究中，相关变量选取和指标获取还要做适应性调整。最后，根据自变量的系数判断影响因素对效率值的影响方向与影响强度。

研究方法：本研究采用 DEA—Tobit 模型进行实证分析。

样本：采用分层随机方法，拟在江西省随机抽取 100 个样本。其中，省级及省级以上农业龙头企业抽 40 个样本，市级或市级以下农业龙头企业抽取 60 个样本，对抽取样本企业进行问卷调查。

（四）扶持政策影响绿色食品农业龙头企业绩效的作用机理研究

本部分主要研究扶持政策是如何作用于绿色食品农业龙头企业绩效，也就是研究扶持政策对农业龙头企业绩效产生影响的过程，通过上述过程研究揭示扶持政策对农业龙头企业绩效影响的作用机理。

研究假设：部分扶持政策对绿色食品农业龙头企业绩效产生直接影响，部分扶持政策对绿色食品农业龙头企业绩效产生间接影响，更具体的假设将在以后的项目研究中提出。

模型与变量：图 1–1 为扶持政策对农业龙头企业绩效影响机理的结构方程模型（SEM）模型。

基地建设补贴、贷款贴息、绿色品牌补贴、税收减免、科技扶持、营销支持等相关政策为自变量，企业动态能力为中介变量，企业绩效为因变量。

结构方程模型实证分析步骤如下：

首先，设计量表对潜变量进行测量。

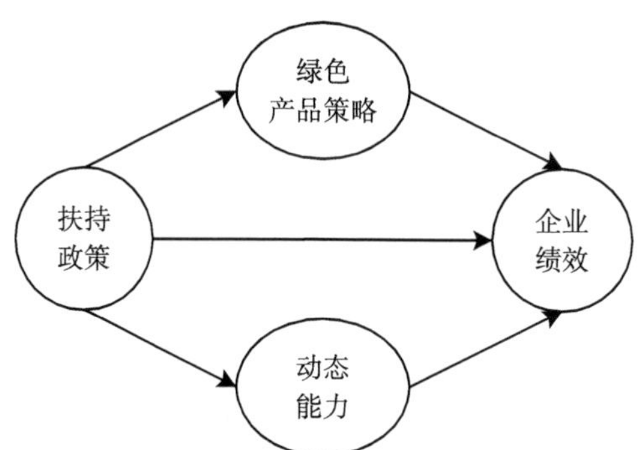

图 1-1　扶持政策对绿色食品农业龙头企业绩效的影响机制

企业绩效：用企业销售额、利润、税收等财务增长指标来测量，将财务客观绩效指标转化为顺序级指标，形成顺序级变量。如根据农业龙头企业行业的平均利润增长情况，设定如下：负增长 = 1；没有变化 = 2；0~5% = 3；6%~10% = 4；11%~15% = 5；16%~20% = 6；21%以上 = 7。带动农户数量也运用客观数据转化顺序变量。员工、股东绩效采用主观绩效测量，具体见林义屏（2001）量表。

扶持政策：将各扶持政策的投入资金情况转化为顺序级指标，形成顺序级变量。

动态能力：包含动态信息利用能力、动态资源获取能力、动态内部整合能力、动态资源释放能力、动态外部协调能力五个维度。具体量表可借鉴曹红军、赵剑波（2008）量表，本书结合农业龙头企业特点进行修缮。

其次，对测量项目进行探索性分析和验证性因素分析，并分析量表的综合信度、内部一致性系数、聚合效度和区分效度。

最后，利用结构方程模型考察扶持政策对农业龙头企业绩效的作用机理。

样本：采用分层随机方法，拟在江西省随机抽取 100 个样本。其中，省级及省级以上农业龙头企业抽取 40 个样本，市级或市级以下农业龙头企业抽取 60 个样本，对抽取样本企业进行问卷调查。

研究方法：运用结构方程模型（SEM）对模型假设进行验证，根据 Baron & Kenny（1986）提出的三个标准来验证中介变量动态能力的中介作用。

结果分析与政策含义。

（五）扶持政策对农业龙头企业开发绿色食品行为及其绩效的案例分析

（1）研究内容：本部分内容是运用案例分析扶持政策如何影响农业龙头企业

绿色食品开发行为与绩效，并揭示出扶持政策产生绩效的关键因素和原因，从而为优化扶持政策提供经验。

（2）研究方法：本部分主要运用多案例研究方法。

（六）优化绿色食品产业扶持政策研究

（1）研究内容：根据上述实证研究结论，优化扶持政策；根据企业问卷调查，研究农业龙头企业对扶持政策的需求状况。综合扶持政策的绩效状况和农业龙头企业对扶持政策的需求，提出进一步优化扶持政策的建议。

（2）研究方法：综合实证研究和案例研究的结论，运用问卷调查方法就农业龙头企业对扶持政策的需求状况进行统计分析，提出进一步优化绿色食品扶持政策的建议。

第三节 研究方法、数据来源及调研方案

一、研究方法

本书主要采取统计分析和计量经济分析、经济理论分析、案例研究和文献资料分析相结合的方法，具体如表 1-1 所示。

表 1-1 本书的研究方法

研究内容	分析方法
扶持政策对农业龙头企业参与绿色食品开发的意愿（行为）的影响研究	文献资料分析、统计描述、单因素分析与二元选择模型分析
扶持政策对农业龙头企业绿色食品开发程度影响	文献资料分析、统计描述、单因素分析与多元线性回归分析
扶持政策、开发行为与绿色食品农业龙头企业关系	文献资料分析、统计描述、单因素分析、DEA—Tobit 模型
扶持政策对绿色食品农业龙头企业绩效影响机理	文献资料分析、探索性分析、验证性因素分析、信度与效度分析、因子分析、结构方程模型分析
绿色食品农业龙头企业案例分析与经验总结	统计描述与案例分析
绿色食品农业龙头企业政策扶持机制设计	文献资料分析、微观经济学与制度经济学理论分析

二、数据来源

本书数据来源于以下四个方面：

第一，企业必须向各级农业龙头企业主管部门（农业产业化办公室和绿色食品发展中心）报送财务和统计报表。本书项目组负责人和课题相关人员曾参与全省省级农业龙头企业的评估工作，担任过江西省绿色食品发展中心兼职研究员。因此，获得农业龙头企业的相关财务和统计数据相对比较容易，课题拟获取2010~2014年共5年面板数据。

第二，有关扶持政策数据对于企业而言不属于商业秘密，并且相关扶持政策数据从政府等相关部门就可以获得，在企业调查中，也可以获得这些扶持政策的具体执行情况。

第三，实地访谈和问卷调查。通过组织江西师范大学商学院研究生和本科生进行实地调查和数据收集，对于一些潜变量测量和非敏感性变量指标，可通过该方法获取。

第四，本书项目研究人员均为江西省高校教学与科研人员，长期研究江西省企业发展，对包括农业龙头企业在内的企业经营情况比较熟悉，并且本书项目负责人和相关课题组成人员长期研究农业经济和农业产业化发展，取得了大量有关农业产业化、龙头企业和工商企业的研究成果，已经积累部分相关数据，为本书的数据收集带来便利。

三、调研方案

（1）分解研究内容，落实目标任务。在课题主持人统一组织下，骨干成员分工负责，开展资料收集和实地调研工作。组建五个调查小组。参加调研的主要有课题组成员、江西师范大学商学院研究生、本科生。

（2）调查对象：绿色食品的企业、企业家、政府管理者。

（3）调查内容：

1）企业家：企业家个体特征（性别、年龄、文化程度、冒险性、控制性等）。

2）企业：企业特征（资本结构、组织结构、所有制等）；自然资源禀赋（重要性、稀缺性、获取难易等）；绿色产品标志个数、规模；企业绩效（产量、利润、销售额、带动农户、员工绩效、股东绩效等）；扶持政策（扶持政策类型、政策投入量）；企业资产、员工工资等指标。

3）政府：获取财务和统计报表，了解企业绩效（产量、利润、销售额、税收），绿色食品产业扶持情况和规章制度。

（4）调查方法。采取问卷调查、访谈、案例调查、座谈会、小型会议等方法采集材料。

第四节 技术路线与创新之处

一、技术路线

本书技术路线如图 1–2 所示。

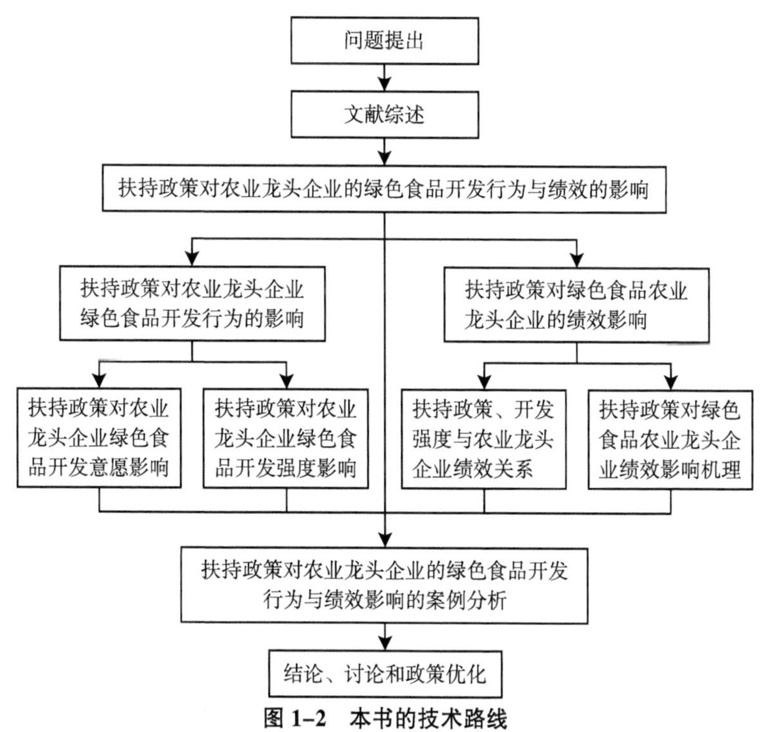

图 1–2 本书的技术路线

二、特色和创新之处

选题特色：以绿色农业大省江西省为案例区，研究扶持政策对农业龙头企业绿色食品开发行为及其绩效影响，地域特色和时代特色明显。到目前为止，尚未发现与本书同题的研究成果。

创新之处表现在以下三个方面：

第一，有关农业龙头企业绿色农产品生产行为的研究文献很少，对农业龙头企业绿色食品开发行为的研究更显不足，本书研究了扶持政策对农业龙头企业参与绿色食品开发意愿（行为）及其开发强度的影响，极大丰富了农业龙头企业绿色农产品生产行为的理论成果，是本书的创新之一。

第二，有关绿色食品产业扶持政策效应的研究成果不多，本书创新性地利用DEA—Tobit 模型研究绿色食品产业扶持政策与农业龙头企业绩效的关系，得出不同扶持政策的政策效应。

第三，很少有学者开展扶持政策对农业龙头企业的绩效机理研究，因此难以区分哪些政策对绩效产生直接影响，哪些政策对绩效产生间接影响，各自影响程度如何？间接影响的作用路径是什么？本书尝试采用结构方程模型对此进行研究，这在研究方法上是个创新。

第二章　绿色食品、扶持政策及其产业发展现状

第一节　绿色食品相关概念的联系与区别

随着生态农业在世界迅速发展，随之而生的名词也日益丰富，如有机食品、绿色食品、无公害食品等，这三类产品是生态农业的代表性产品。生态农业的内涵十分丰富，它既是一种发展模式，又是一种思想观念，即采用生态学和生态位学理论指导农业生产。因此，生态农业必须以其物化产品来表明在生产全过程中都符合生态学规律，都是对生态环境有益，最终对人体健康有益无害。广义上的绿色食品就是安全食品，包含有机食品、绿色食品、无公害食品。这三类食品，在种植、收获、加工、贮藏及运输过程中都采用了无污染的工艺技术，实现了“从土地到餐桌”的全程质量控制，保证了食品的安全性。本书所指的绿色食品是广义上的绿色食品。

上述三类产品之间既有联系，又有区别。有机食品是指完全不含人工合成的农药、肥料、生长调节剂、畜禽饲料添加剂的食品。绿色食品是指遵循可持续发展原则，按照特定生产方式，经国家农业部许可使用绿色食品标识的食品，分 A 级和 AA 级。无公害食品是指产地环境、生产过程和终端产品符合无公害食品标准及规范，经过环保部门机构认定，许可使用无公害食品标识的食品。有机食品、绿色食品、无公害食品都是安全食品。它们的区别体现在以下五点：

一、标准的不同

就有机食品而言，不同的国家、不同的认证机构，其标准不尽相同。在我国，国家环境保护总局有机食品发展中心制定了有机产品的认证标准。2000 年 12 月美国公布了有机食品全国统一的新标准，日本在 2001 年 4 月公布了有机食品法（即 JAS 法），欧洲国家使用欧盟统一标准，EECNO2092/91 及其修正案和 1804/99 有机农业条例。

我国的绿色食品标准是由中国绿色食品发展中心组织制定的统一标准。A 级的标准是参照发达国家食品卫生标准和联合国食品法典委员会（CAC）的标准制定的，AA 级的标准是根据国际有机农业运动联合会（IFOAM）有机产品的基本原则，参照有关国家有机食品认证机构的标准，再结合我国的实际情况制定的。

无公害食品在我国是指产地环境、生产过程和最终产品符合无公害食品的标准和规范。这类产品允许限量、限品种、限时间地使用人工合成的化学农药、兽药、鱼药、肥料、饲料添加剂等。

二、标识不同

有机食品标识在不同国家和不同认证机构是不同的。在我国，国家环境保护总局有机食品发展中心在国家工商局注册了有机食品标识，中国农业科学院茶叶研究所亦制定了有机差的表示。绿色食品的标识在我国是统一的，也是唯一的。中国绿色食品的表示由三个部分组成，即上方是太阳，下方是叶片，中心是蓓蕾，正圆形，意为保护。无公害食品的表示在我国依有关认证机构不同而不同，山东、湖南、黑龙江、天津、广东、江苏、湖北等省（市）先后制定了自己的无公害农产品标识。其中湖北省绿色食品管理办公室拥有的无公害食品标识已在国家工商局注册。

三、级别不同

有机食品无级别之分，有机食品在生产过程中不允许使用任何人工合成的化学物质，而且需要一定的转换期，转换期生产的产品为有机转换产品。

绿色食品分为 A 级和 AA 级两个级别。A 级绿色食品要求产地环境质量评价项目的综合污染指数不超过1，在生产加工过程中，允许限量、限品种、限时间地使用安全的人工合成农药、兽药、鱼药、肥料、饲料及食品添加剂。AA级绿色食品要求产地环境质量评价项目的单项污染指数不得超过1，生产过程中不得使用任何人工合成的化学物质，且产品需要三年的过渡期。

无公害食品不分级，在生产过程中允许限品种、限数量、限时间地使用安全的人工合成化学物质。

四、认证机构不同

在我国，北京有机食品的认证机构有十几家。其中，国家环境保护总局有机食品发展中心是目前国内有机食品综合认证的权威机构，中国农业科学院茶叶研究所是目前国内茶叶行业中认证最具权威性的机构。另外，还有一些国外有机食品认证机构在我国发展有机食品的认证工作，如德国的BCS。

绿色食品的认证机构是唯一的，即中国绿色食品发展中心，该中心负责全国绿色食品的统一认证和最终审批。

无公害食品的认证机构较多，目前有许多省、市、区的农业主管部门都进行了无公害食品的认证工作，但只有在国家工商局正式注册标识商标或颁布了省级法规，其认证才有法律效力。

五、认证方法不同

我国有机食品和AA级绿色食品的认证实行检查员制度，在认证方法上是以实地检查认证为主，检测认证为辅，有机食品的认证重点是农事操作的真实记录和生产资料购买及应用记录等。A级绿色食品和无公害食品的认证原则是检查认证和检测认证并重，同时强调“从土地到餐桌”的全程质量控制，在环境技术调整的评价方法上，采用了调查评价与检测认证相结合的方式。

第二节 我国绿色食品扶持政策梳理

一、国家相关政策

《中共中央、国务院关于做好2000年农村工作的意见》（中发〔2000〕3号）第二条提出，建立健全统一、权威的农产品质量标准体系和检验检测体系，全面实施“无公害食品行动计划”。这是维护消费者健康的重要保障，也是提高农业国际竞争力的迫切需要。要按照“统一标准、统一检测”的方向，尽快理顺管理体制，逐步建立统一、权威的农产品质量标准体系和检验检测体系，切实解决目前农产品质量标准不一、多头检验、重复检验的问题。有关部门要对现行的农产品质量国家标准、行业标准和地方标准进行一次全面清理，加快与国际标准并轨，逐步统一农产品质量检测指标和检测方法；在调查研究的基础上，对现有检验检测机构进行评估并做适当调整，合理界定各级农产品检验检测机构的职能和任务，避免重复交叉，实现资源共享。要加强农产品检验检测设施建设，提高检验检测能力。在总结试点经验的基础上，全面实施“无公害食品行动计划”。建立所有省会城市、计划单列市、无公害和出口农产品生产基地，建立农产品质量安全例行监测制度，实行定点监测和抽查。2016年，要全面开展农产品质量安全专项整治活动，重点查处使用违禁农药和兽药残留超标等，加强对农兽药生产、销售和使用的管理；继续开展农业生产资料打假活动，严厉查处制售假种子和伪劣农约、化肥等坑农伤农行为，进一步整顿规范农资市场秩序。

之后，农业部、原国家发展计划委员会等八部委提出了《关于扶持农业产业化经营重点龙头企业的意见》（以下简称《意见》）。《意见》提出，将绿色食品企业优先纳入农业产业化重点龙头企业，并在基地建设、技术改造项目贷款、中央财政、税收减免、出口融资贴息、发行股票等方面进行支持。

二、省级配套政策

——以江西省绿色食品产业配套政策（2011 年）为例

（一）加大对绿色食品开发的奖励支持

（1）鼓励企业、农民专业合作组织及个人投资无公害、绿色（有机）产品产业的开发建设。对投资无公害、绿色（有机）农产品基地和农产品加工项目，经营期在 10 年以上的，可享受前五年免征地方所得税，第 6~15 年减半征收地方所得税的优惠政策；凡在南昌地区纳税的企业，并经所在县、区绿色食品办公室受理，取得国家无公害食品、国家绿色食品和有机食品机构认证标志，取得无公害农产品、绿色食品、有机食品产品标志使用权的企业，市财政每年对每个新增的标志产品给予一次性奖励；促进绿色食品的出口创汇，对于无公害、绿色（有机）产品生产企业优先给予自营出口权。

（2）加大对绿色食品原料标准化生产基地建设的支持力度。市财政要安排专项资金用于支持基地的创建和发展，对获得“全国绿色食品原料标准化生产基地”的县、区，在获得省级奖励后，经市农业局确认，市财政再一次性给予 5 万元奖励。一次性投资 500 万元以上新建无公害、绿色（有机）产品基地建设及农产品加工项目，建设过程中涉及的由市规定的行政事业性收费，经县、区报市农业局审核后，由市财政局批准，享受按低限减半收取，生产经营活动中的各项行政事业性收费，按规定的最低幅度标准征收。

（3）加大对无公害、绿色（有机）产品开发的支持力度。县、区政府对于开发无公害、绿色（有机）产品生产基地 500 亩以上并得到国家绿色食品或有机食品认证许可使用标志的企业、合作区或个人，在安排生态环境建设、以工代赈、农业商品基地建设、农业综合开发、扶贫开发和农业技术推广等项目时，优先给予支持和倾斜。县、区政府应设立专项资金，专门用于扶持无公害、绿色（有机）产品及其市场开发。

（二）加大对绿色食品产业开发的金融支持

重点扶持具有一定基础和规模、科技含量高、市场前景好、竞争力强的绿色食品加工企业及绿色食品生产资料企业或合作社。对于从事无公害、绿色（有机）产品生产加工，获得市及市级以上农业产业化龙头企业、合作社称号的，按规定享受金融机构给予优先安排贷款支持，未享受省农业产业化办公室优先安排农业产业化专项资金贷款贴息支持的，可享受市农业产业化办公室优先安排专项资金贷款贴息政策。农、林业担保资金，优先为从事无公害、绿色（有机）产品生产加工信誉好的企业提供融资担保服务。建立以县、区为重点的中小企业信用担保体系和信贷风险补偿机制，鼓励和支持龙头企业为基地农户提供贷款担保。鼓励银行业金融机构把支持龙头企业作为支持农业产业化经营的重点，发挥其在农业产业化经营中的示范、带头作用。对具备上市条件的农业产业化龙头企业予以重点培育，鼓励和支持重点龙头企业通过公开发行股票、中期票据、短期融资券和集合债券进行融资。积极引导工商资本、民间资本、金融资本和外资投入无公害、绿色（有机）产品生产加工龙头企业和农民专业合作社。

（三）加大对绿色食品开发建设用地支持

对从事无公害、绿色（有机）产品开发的重点建设项目，符合市重大项目调度条件的，优先列入市重大项目进行调度，优先安排新增建设用地指标。

（四）加大对绿色食品开发的科技创新支持

对从事无公害、绿色（有机）产品研发、生产和营销的企业，要积极推荐其认定为高新技术企业，享受高新技术企业和环保产业优惠政策。对于无公害、绿色（有机）产品科研项目和技术推广项目，科技和农业部门应优先纳入重点科研计划和重点推广计划。对获得绿色食品和有机食品认证的企业，优先向部、省推荐申报项目和申报农业产业化龙头企业，并在政策上予以倾斜。

（五）加大对绿色食品合法营销网络的支持

积极培育和建设无公害、绿色（有机）产品市场，带动无公害、绿色（有机）产品产业的发展。无公害、绿色（有机）产品生产企业和无公害、绿色（有机）产品营销企业进入市场、超市，或在外地设立专卖店的，有关部门应给予相应的减免入场费、场租费、一次性补贴等优惠。同时，要加强与商贸、工商、质监等部门的协调和沟通，搞好产销对接，创造条件设立获证产品的专营、专销、专卖区域，形成无公害农产品和绿色食品销售网络体系。鼓励无公害、绿色（有机）产品生产企业参加国内外大型农产品展销展示会，有关部门应给予相应的减免入场费、场租费、一次性补贴等优惠。

（六）加大对鲜活农产品运输支持

积极完善全市鲜活农产品运输绿色通道。严格执行鲜活农产品运输绿色通道车辆通行费减免规定，确保绿色通道畅通。

（七）加大对绿色食品产业的工作机构和经费支持

各级政府要在编制、人员等方面对无公害、绿色（有机）产品工作机构的建立与完善予以支持；市、县财政每年应安排相应的无公害、绿色（有机）产品工作经费，以保障这项工作的正常开展；对在无公害、绿色（有机）产品产业的开发、技术推广和管理工作中做出显著成绩的单位和个人，各级政府按照有关规定予以表彰或奖励。

三、绿色食品扶持政策梳理

当前绿色食品产业的政策扶持力度非常大，呈现多层次、多部门、多方式的特点。多层次体现在中央、省级、市级、县级政府纷纷制定相关产业发展及其配套措施；多部门体现在绿色食品发展中心、农业产业化办公室、发改委、科技部等多个部门提供资源支持；多方式体现在扶持政策包括税收减免、贷款减息、绿色产品认证补贴、基地建设补贴、项目支持、用地优先、物流支持、培训支持等多种形式（见表 2–1）。

表 2–1　绿色食品产业政策分类

序号	扶持政策类型	具体政策
1	科技支持	农业部和地方各级政府产业化专项用于基地农民的技术培训、良种推广、新品质引进和病疫防治等支持资金
2	绿色品牌补贴	地方各级政府对农业龙头企业认证的绿色产品补助资金
3	生态基地建设补贴	地方各级政府对农业龙头企业生态基地建设的补助资金
4	项目支持	农业部和各级政府产业化专项用于农业龙头企业农产品加工项目投入和补助
5	贷款贴息	各级政府对农业龙头企业的资金贷款给予的贴息
6	营销扶持	绿色食品发展中心对农业龙头企业绿色品牌营销资金
7	培训金额	绿色食品发展中心对农业龙头企业培训金额
8	税收减免	根据中央和地方有关税收政策减免量

江西省推出《江西省人民政府关于推进江西战略性新兴产业超常规发展的若干意见》（赣府发〔2010〕29 号），其配套政策包括：

（1）对投资绿色食品基地和农产品加工项目，可享受税法规定的相应优惠政策；对通过国家绿色食品认证和有机食品认证的企业，在省农业产业化专项资金中对企业认证费用给予一次性适当补助。

（2）获得省级以上农业产业化龙头企业称号的绿色食品企业，按规定享受金融机构优先安排贷款的支持。

（3）对于开发绿色食品生产基地 500 亩以上并得到国家绿色食品或有机食品认证许可使用标志的企业或个人，在安排生态环境建设、以工代赈、农业商品基地建设、农业综合开发、扶贫开发和农业技术推广等项目时，给予支持和倾斜。

（4）对从事绿色食品研发、生产和营销的企业，要积极推荐其被认定为高新技术企业，享受高新技术企业和环保产业优惠政策。

（5）绿色食品生产企业进入市场，有关部门应给予相应的减免入场费、场租费等优惠。

（6）运输绿色食品车辆通行费减免规定，确保绿色通道畅通。

（7）优先安排新增建设用地指标。

第三节　我国绿色食品产业发展现状

2013 年，在各大政府部门的共同努力下，我国绿色食品产业持续保持健康良好的发展势头。虽然目前我国绿色食品产业发展取得了一定成绩，但就整体而言，绿色食品产业发展仍存在一些不足和问题。张萍认为，我国绿色食品产业发展速度虽然保持高增长，但消费者的绿色消费意识淡薄，企业管理方式滞后，绿色产业面临生态威胁。绿色食品发展中心主任王云浩认为，绿色食品产业已经初具规模、标准体系得到逐步完善、认证制度也基本建立、监管制度开始全面推行，对现代化农业建设起到了推动作用。

为了更好地了解我国绿色食品龙头企业的发展状况，通过对我国绿色食品企业 2008~2013 年的统计年报数据进行分析，发现我国绿色食品产业发展的特征。

一、历史增长情况

我国绿色食品产业从 1990 年开始发展，到现在为止发展了 20 多年，取得了巨大成就。表 2-2 为 1996~2010 年我国绿色食品产业发展的基本情况。从表 2-2 可以看出：我国绿色食品产业中，进行绿色食品认证的企业数量由 463 家增加到 6391 家，绿色产品数量由 712 个增加到 16748 个，在实物产量方面由 363.5 吨上升到 9000 多吨，销售量超过 2823.2 亿元，出口额达 23.1 亿美元，产地监测面积达 24000 万亩。

表 2-2 1996~2010 年我国绿色食品产业发展现状

年份	企业数量（个）	产品数量（个）	实物产量（万吨）	年销售额（亿元）	出口额（亿美元）	产地监测面积（万亩）
1996	463	712	363.5	155.3	0.09	2248
1997	544	892	629.7	240.5	0.71	3213
1998	619	1018	840.6	285	0.88	3385
1999	742	1353	1105.8	302	1.3	3563
2000	964	1831	1500	400	2	5000
2001	1217	2400	2000	500	4	5800
2002	1756	3046	2500	597	8.4	6670
2003	2047	4030	3260	723	10.8	7710
2004	2836	6496	4600	860	12.5	8940
2005	3695	9728	6300	1030	16.2	9800
2006	4615	12868	7200	1500	19.6	15000
2007	5740	15238	8300	2000	23	21000
2008	6176	17512	9000	2500	23	25000
2009	6003	15707	—	3162	21.6	—
2010	6391	16748	—	2823.2	23.1	24000

注：由于相关管理部门统计数据存在年份差异，导致个别年份部分指标数据缺失。

资料来源：根据《2006~2009 年中国绿色食品统计年报》及王运浩在 2011 年绿色食品工作会议上讲话整理。

经测算，我国认证绿色产品标志的企业数量以每年 20.6%速度增长，绿色食品品牌标志以每年 25.3%的速度增长，实物产量以每年 25.8%的速度增长，出口额以每年 48.6%的增长，年销售额以每年 23%的速度增长，产地监测面积以每年 18.4%的速度增长（见图 2-1）。但从中也可以发现，2008 年后，我国绿色食品产业多个指标增长速度放慢，2009 年个别指标出现负增长。这说明我国绿色食品产业已经进入到转型期。2008~2013 年，我国绿色食品企业数与产品数都在不断增加，年销售额、出口额、产地监测面积也呈增长趋势，如图 2-2 所示。可见经过 10 多年的发展，我国绿色食品已经形成比较完整的产业体系。2013 年我国绿色食品企业总数达到 7696 个，绿色食品数为 19076 个，绿色食品年销售额为 3625.2 亿元，出口总额达到 26.04 亿元，产地检测面积为 2.56 亿亩，可见我国绿色食品的国际市场也在不断增大。

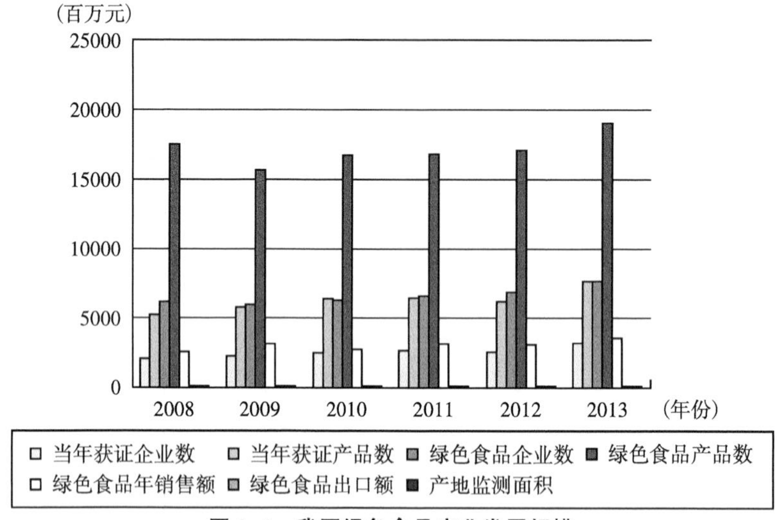

图 2-1　我国绿色食品产业发展规模

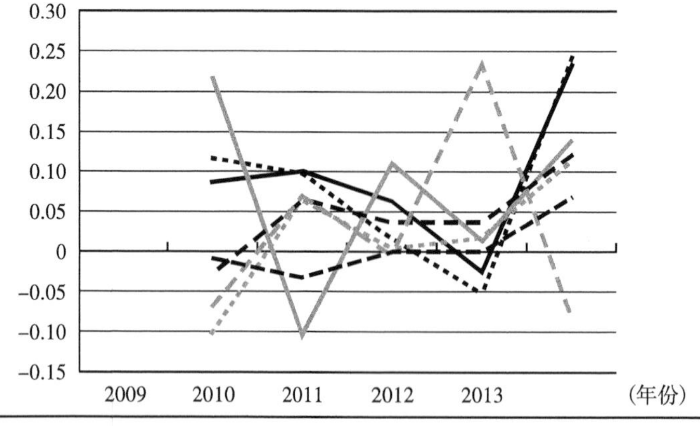

图 2-2　我国绿色食品产业发展速度

二、农业龙头企业“绿色化”规模增长

根据表 2-2 的数据，我们推算出，1996~2010 年，平均每个农业龙头企业承担绿色食品认证的产品数量、实物产量、销售额、出口额、监测面积，具体情况如表 2-3 所示。从表 2-3 可以看出，我国绿色食品产业中，企业认证绿色产品平均个数由 1996 年的 1.5378 个增加到 2007 年的 2.6547 个，单个企业在实物产量方面由 1996 年的 0.78509 万吨上升到 2007 年的 1.4459 万吨，企业平均销售额由 1996 年的 0.3354 亿元增加到 2007 年的 0.3484 亿元，企业平均出口额由 1996 年的 0.00019 亿美元增长到 2007 年的 0.00400 亿美元，而企业平均监测面积由 4.8552 万亩下降到 3.6585 万亩。经测算，我国单个农业龙头企业绿色食品品牌标志平均以每年 3.88%的速度增长，实物产量平均以每年 5.28%的速度增长，出口额平均以每年 23.2%的速度增长，年销售额平均以每年 1.98%的速度增长，产地监测面积平均以每年 1.82%的速度负增长。综合而言，我国绿色食品产业发展过程中，单个企业的扩张速度非常缓慢，除出口额增幅较快外，绿色食品基地监测面积指标甚至出现负增长。从上述分析资料可以看出：我国农业龙头企业从绿色化扩张缓慢，绿色产品“局部化”战略普遍实施，许多农业龙头企业缺乏绿色化战略扩张冲动。

表 2-3　1996~2007 年我国绿色食品企业平均产出发展现状

年份	企业平均产品数（个）	企业平均实物产量（万吨）	企业平均销售额（亿元）	企业平均出口额（亿美元）	企业平均监测面积（万亩）
1996	1.5378	0.78509	0.3354	0.00019	4.8552
1997	1.6397	1.1575	0.4420	0.00130	5.9062
1998	1.6445	1.3579	0.4604	0.00142	5.4684
1999	1.8234	1.4902	0.4070	0.00175	4.8018
2000	1.8994	1.5560	0.4149	0.00207	5.1867
2001	1.9720	1.6433	0.4108	0.00328	4.7658
2002	1.7346	1.4236	0.3399	0.00470	3.7984
2003	1.9687	1.5920	0.3531	0.00520	3.7664
2004	2.2905	1.6220	0.3032	0.00440	3.1523
2005	2.6327	1.7050	0.2787	0.00438	2.6522
2006	2.7883	1.5600	0.3250	0.00424	3.2502
2007	2.6547	1.4459	0.3484	0.00400	3.6585

三、农业龙头企业“绿色化”战略对绿色食品产业增长的贡献率

我们用 Y_{it} 表示 t 年第 i 个产出发展指标，用 N_t 表示 t 年企业数目，用 X_{it} 表示 t 年第 i 个企业的平均产出指标。因此，得到 $Y_{it} = N_t X_{it}$，依据因素连环替代法，将各因素区分为数量指标和质量指标，先替代数量指标，后替代质量指标。我们将企业数量增加因素看成数量指标，将企业规模扩张因素看成质量指标。通过连环替代法测算企业数量增加与企业规模扩张对产业发展的贡献率。初步估算，在认证产品方面，农业龙头企业数量扩张对绿色食品产业产品的增长贡献率为 80%，农业龙头企业内部增长的贡献率为 20%左右；在实物产量增长方面，农业龙头企业数量扩张对绿色食品产业实物产量增长贡献率约为 78%，农业龙头企业内部增长贡献率约为 22%；在销售额的增长方面，农业龙头企业数量扩张对绿色食品产业销售额的增长贡献率约为 86%，农业龙头企业内部增长贡献率约 14%；在出口额的增长方面，农业龙头企业数量扩张对绿色食品出口额的增长贡献率约为 49%，农业龙头企业内部增长贡献率约为 51%；在基地监测面积增长方面，农业龙头企业数量扩张对绿色食品基地监测面积增长的贡献率约为 104%，农业龙头企业内部增长的贡献率为–4%。

总体来看，农业龙头企业绿色化扩张速度缓慢，对绿色食品产业化的增长贡献率基本上低于 20%。绿色食品产业发展的 80%来自于农业龙头企业数量的扩张。笔者认为，要使生产要素使用效率提高，应该促进农业龙头企业扩张绿色食品规模，通过调整其产品战略结构来实现农业龙头企业生产函数改变，最终实现绿色食品产业由粗放式增长向集约式增长转变。

四、绿色食品产业结构不断优化

（1）产业结构不断完善。2013 年我国绿色食品主要产品包括大米、小麦粉、食用植物油及制品、蔬菜水果、猪肉、羊肉等 13 类，57 个小类，可见我国产业结构在不断优化，具体如图 2–3 所示。

（2）绿色食品种类构成仍以农林及加工产品为主，水产类产品最少。分析 2004~2013 年我国绿色食品的产品结构，发现农林及加工产品呈逐年递增趋势，且增长幅度较大，但其他绿色食品种类数量基本保持不变趋势，如图 2–4 所示。

可见我国绿色食品产业结构不断完善，产业结构规模也在扩大，但是应该加大水产类产品的开发行为，从而使产业结构更加优化，促进绿色食品产业升级。

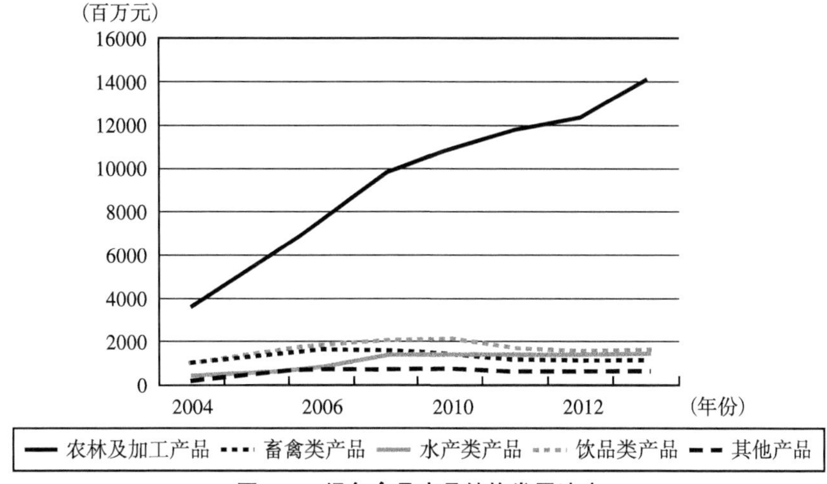

图 2-3 绿色食品产品结构发展速度

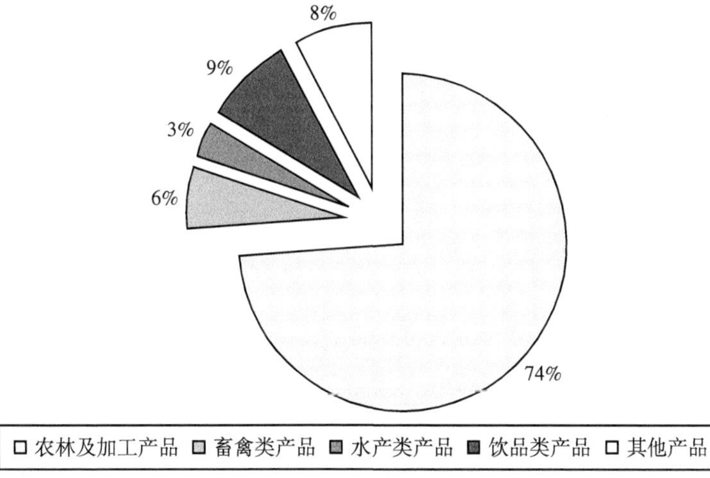

图 2-4 绿色食品产品结构构成

五、绿色食品产业发展地区分布不均衡

（1）绿色食品产业分布地区不平衡。如图 2-5、图 2-6 所示，我国绿色食品地区分布呈正态分布趋势，集中于少数几个省份。如 2013 年，绿色食品主要分布在黑龙江、山东、江苏、四川、安徽、浙江、湖北，这七个省份绿色食品企业

数所占比重为54.88%，绿色食品个数所占比重为45.83%。

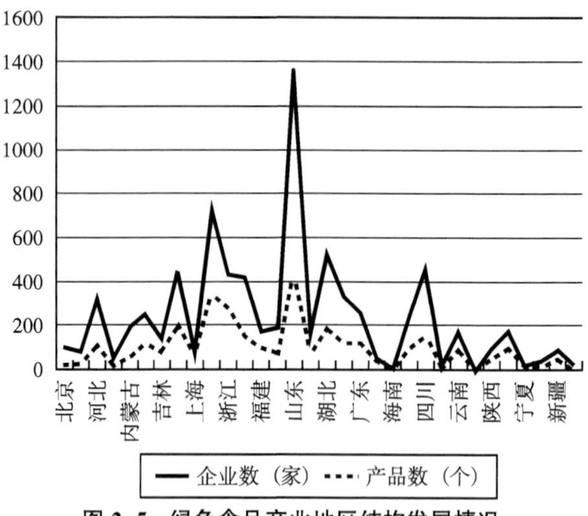

图2-5　绿色食品产业地区结构发展情况

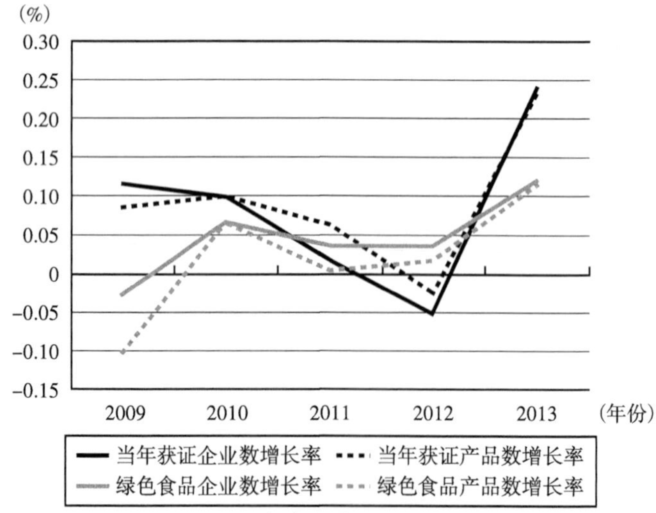

图2-6　绿色食品产业组织发展情况

（2）地区结构集中在农业大省，未能实现产业资源的优化配置。通过对我国绿色食品产业地区的绿色食品数与绿色食品企业数进行分析，发现我国绿色食品发展的分布区域处于动态变化中，但主要集中于浙江、安徽、四川、湖北、福建等农业大省，其他省份则呈现零散分布形式，可见集群化发展滞后，资源未能优化配置，但也说明国农业发展程度对绿色食品产业的发展产生的影响较大，这与绿色食品结构中农林产品所占比例最大相一致，所以应该加大绿色食品的开发范围。

六、农业龙头企业绿色食品开发行为不稳定

通过分析当年获证企业数增长率、当年获证产品数增长率、绿色食品企业数增长率、绿色食品产品数增长率，发现 2009 年我国绿色食品企业的绿色食品开发行为处于增长状态，但 2011 年、2012 年我国绿色食品企业的开发行为却保持下降趋势，2012 年又出现快速增长趋势，如图 2-7 所示。可见我国绿色食品企业的开发行为近 5 年处于波动状态，绿色食品开发行为并不稳定。

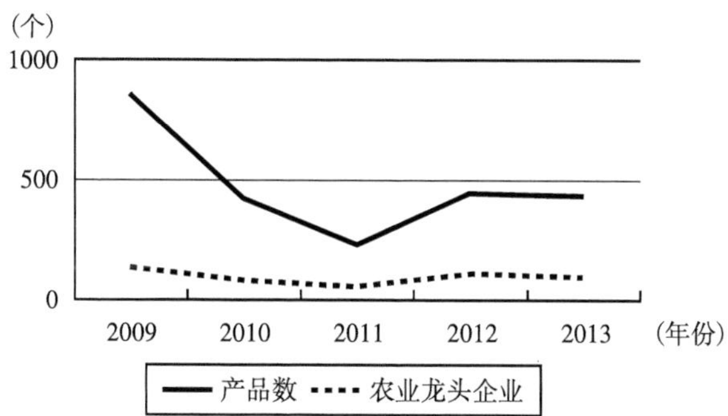

图 2-7 2009~2013 年江西省绿色食品龙头企业开发绿色食品行为的发展趋势

七、绿色食品产业组织优势发挥不充分

2013 年，国家级绿色食品农业龙头企业数为 289 个，生产 1103 种食品，所占比重分别为 9.59%、13.72%；省级绿色食品农业龙头企业数为 1307 个，生产产品数 3891 个，所占比重分别为 43.38%、48.41%；农民专业合作社企业数为 1617 个，产品数为 344 个，所占比重分别为 47.03%、37.87%。可见虽然我国绿色食品企业数不断增加，但主要以中小型企业为主，生产规模偏小，导致产业组织化优势不明显。

第四节　江西省绿色食品发展现状

一、总体发展情况

自政府注重绿色食品企业发展以来，江西省充分利用生态环境、种质资源、科研力量等优势，不断推进绿色食品产业发展，培育“公司+协会+专家+农户+绿标”的发展模式。目前江西省绿色食品生产基地数量和规模不断壮大，产业化水平逐步提高，初步形成了以农民增收为核心、市场需求为导向、绿色食品标志品牌为纽带，以龙头企业为主体、基地建设为依托、农户参与为基础的一体化发展格局。2013 年，江西省获得绿色食品认证的企业数为 182 家，产品数为 500 个。绿色食品农业龙头企业数为 94 家，其中国家级农业龙头企业 13 家，省级农业龙头企业 81 家，占全国农业龙头企业比重为 5.89%；获得绿色食品认证的产品数为 339 个，其中国家级农业龙头企业绿色食品个数为 42，省级农业龙头企业绿色食品个数为 297，占全国绿色食品总数比例为 6.79%。

江西省着重围绕具有较好发展基础和优势的水稻、柑橘、生猪、家禽、水产五大主导产业，以及具有地方特色的茶叶、油茶、蔬菜、竹笋等产业。按照因地制宜的原则，进一步优化区域布局，促进绿色产品生产基地规模化发展和生产能力的全面提升。具体绿色食品发展布局如表 2-4 所示：

表 2-4　江西省绿色食品发展布局

发展产品	重点发展的企业	发展目标
大米	省粮油集团、中粮（江西）米业、新余金土地、万年贡米集团	延伸水稻—大米—大米副产品综合利用产业链，创品牌、扩规模、拓市场
油茶	江西绿源油脂、新余油茶公司	提高精深加工技术，延伸产业链
水产品	四海水产集团、鄱阳县新芝安食品公司、鄱阳湖现代渔业公司	进一步发展小龙虾、鱼丸、鱼脯、鱼糜等调理食品
食用菌	江西仙客来生物科技公司	大力发展食用菌保鲜、精深加工和综合利用，延长产业链，提高附加值

续表

发展产品	重点发展的企业	发展目标
畜禽	正邦集团、国鸿集团、雨润集团、煌上煌集团、抚州宝迪公司	做大生猪和家禽等畜禽屠宰加工，积极发展东乡和余干乌鸡、景德镇三黄鸡、鄱阳湖鹅肝等特色家禽生产及加工
酒类	四特酒业、李渡酒业、临川贡酒、亚洲啤酒、英博雪津、惠泉啤酒	提升品牌知名度，拓展国内外市场

二、江西省绿色食品产业发展存在的问题

虽然江西省绿色食品产业发展取得了一定成绩，但整体而言，江西省绿色食品产业发展还处于初级阶段，还存在一些不足和问题。为了更好地了解江西省绿色食品龙头企业的发展状况以及目前存在的问题，通过对江西省绿色食品企业2009~2013年的统计年报进行分析，发现绿色食品产业的发展存在龙头企业绿色食品开发力度不强、科技创新和示范推广较弱、资金投入不足、社会资本参与程度低、企业市场开拓能力和品牌意识不强等问题。

（一）绿色食品品种数量较少

2013年12月，全国绿色食品生产企业数达到7696家，食品数达到19076个；带动农户1290万户，销售额达到3625.2亿元，出口额达到260386.44亿美元，在国际市场上显现出强劲的竞争力；产地环境监测面积为25642.7万亩；可见我国已经成为一个有规模、有特色、高质量的绿色食品标准化原料生产基地。而江西省作为一个农业大省，其绿色食品的发展却并不乐观。

表2–5 江西省绿色食品农业龙头企业数及产品数占全国比重

地区＼年份	2013		2012		2011		2010		2009	
	企业（家）	产品（个）	企业（家）	产品（个）	企业（家）	产品（个）	企业（家）	产品（个）	企业（家）	产品（个）
江西	94	339	107	339	60	166	82	335	138	714
全国	1596	4944	1408	4657	2683	6538	1433	4803	1429	4839
比重（%）	5.89	6.86	7.60	7.28	2.24	2.54	5.72	6.97	9.66	14.76

如表2–5所示，2009~2013年，江西省绿色食品龙业龙头企业数和产品数在全国的比重整体呈现下降趋势，且一直徘徊在10%以下，2013年，江西省绿色食品农业龙头企业数和产品数比重分别占5.89%和6.86%，所占份额明显不

高。可见江西省绿色食品品种数量较少，企业需要加大绿色食品开发行为的力度。

（二）龙头企业绿色食品开发力度不强

2009~2011 年，农业龙头企业选择开发绿色食品行为的企业总数与绿色食品总数都呈现下趋势。2009~2013 年，农业龙头企业选择开发绿色食品行为的企业总数与绿色食品总数都呈现下降趋势，如图 2-7 所示。2011~2013 年，龙头企业数量没有很大变化，而绿色食品数量则开始增长。绿色食品加工企业大多数规模小、自身实力弱，可见绿色食品龙头企业的带动力不强，示范作用极不明显。目前大多数企业采取“公司+农户”的模式，信息不对称，阻碍农业龙头企业的绿色食品开发行为。本书猜测，由于扶持政策的激励作用，大多数农业龙头企业选择开发绿色食品，但由于企业自身的经营状况、资产状况和技术缺陷等原因，大多数企业绿色食品的开发行为受到限制，无法持续进行。

（三）绿色食品产地环境监测面积减少

江西省虽然出台了一系列支持绿色食品发展的政策措施，包括科技支持、设施支持、项目支持、贷款贴息、税收减免和品牌扶持等政策。但是我国绿色食品的产地环境监测面积占全国比重不高，且呈现下降趋势（见表 2-6），2013 年仅占全国的 5.04%。

表 2-6　2013 年、2011 年、2010 年绿色食品产地环境监测面积

年份	农作物种植				果园	茶园	水产养殖	其他	合计	占全国比例（%）
	粮食作物	油料作物	蔬菜瓜果	其他农作物						
2013	599	368	36	68	177	23	3	16	1292	5.04
2011	619	357	133	189	106	63	52	13	1532	6.39
2010	612	357	133	189	102	63	52	13	1521	6.36

（四）缺乏资金与专业技术人才队伍

江西省在绿色食品工作机构与队伍建设方面的投资力度也不大，2010 年全国共有 42 个省级专职绿色食品机构队伍，118 个市级专职绿色食品机构队伍，724 个县级专职绿色食品机构队伍，而江西省却只有 1 个省级专职绿色食品机构队伍。可见资金投入不足，社会资本参与程度低，应该加强。

（五）绿色食品企业市场开拓能力与品牌意识不强

随着绿色食品产业激励政策的出台，江西省各地都热衷于申报绿色食品基地，却无法跟踪绿色产品标志的质量，因此大多数企业进行绿色食品标志的申报却不进行管理，只追求绿色产品标志的数量却忽略质量，致使缺乏品牌管理和竞争的经验、意识。而且，许多地方的管理部门对绿色食品标志的管理、监督不严，导致市场上出现大量假冒伪劣绿色食品。

第三章　国内外研究现状及相关理论

第一节　国内外研究现状

国内外相关研究集中在安全农产品生产行为、企业绩效、企业动态能力、农业产业化扶持政策效率，这些成果对本研究有着重要参考价值，下面将依次展开综述。

一、安全农产品生产行为研究现状

国内外学者们对安全农产品的研究成果较多，已经从宏观性、描述性为主的研究逐步深入主体行为的定量研究，包括消费者行为、生产行为和政府行为研究。

（一）国外研究现状

国外学者对生产者行为的研究主要针对农业企业。从研究内容来看，主要集中在两个方面：其一，安全农产品生产者的反应研究。许多学者从生产成本、市场风险、产业组织和行业协会等多个角度展开对安全农产品生产者的反应分析。如 Hueth（1999）的研究表明：安全农产品生产者在签订了产销合同的基础上，仍难以有效避免价格风险。其二，安全农产品供给动机和影响因素。Shavell（1987）认为，企业对安全农产品的供给动机会受到其规模、组织及其市场结构的影响。Caswell（1998）认为，食品质量安全标准和售后承担食品质量安全责任、企业声誉等对企业安全生产行为产生重要影响。Bredah（1998）认为，市场驱动、公开的食品安全规则是生产者加强产品质量与控制的两个最主要影响因素。Annandale（2000）的研究认为，企业对安全产品的供给动机受企业管理、战略的影响，其中的决定因素是组织学习、规范的制定、利益相关者的影响、强制力度、公司文化等。

（二）国内研究现状

我国学者对生产者行为的研究主要以农户为研究对象。在对农户行为的研究中，学者较集中在关于“农户安全生产意愿（行为）影响因素”的实证分析，较多使用多元线性回归或二元模型展开分析。基本结论是：农户特征、农户规模、农户认知、农户风险偏好类型、预期收益、安全技术的采用成本、生产的组织方式、政府规制对农户安全生产意愿和生产行为产生影响。随着研究的深入，王可山、王芳（2010）重点研究质量安全保障体系对农户安全农产品生产行为的影响。胡定寰、陈志钢、孙庆珍（2006），周应恒、卓佳、谢美婧（2010）研究了合同模式对农户生产农产品安全的影响。

也有少数学者以农业龙头企业为研究对象进行研究。张喆（2007）认为，企业参与安全农产品认证动机因素包括政府采购制度、扶持政策、市场吸引、品牌、管理提升等因素。钱峰燕（2005）从茶叶企业入手，认为企业安全生产茶叶的行为与扶持政策、收益、企业规模、产品品种、产品信用、安全责任规则、媒体信息传播、其他企业行为和强制性的规定等变量相关。

二、企业绩效理论研究现状

（一）企业绩效评价

企业绩效理论主要源于组织理论和战略管理中的绩效理论。在组织绩效的文献中，有四种绩效测量理论。一是以目标为基础的测量理论。该理论认为，组织绩效应该用实现目标的程度来测量。二是系统资源理论。用组织获取有价值的稀缺性资源的能力来反映组织绩效。三是过程理论。该理论用组织成员的行为来定义绩效。四是利益相关者理论。该理论将不同利益相关者的满意度纳入绩效研究范畴。在上述四种绩效理论中，前两者关注的是达成目标或获取资源的单一维度；而利益相关者理论则综合考虑了供应商、顾客等方面的绩效评价。然而，任何绩效理论都有其局限性，甚至充满了矛盾。但比较起来，利益相关者绩效理论综合考虑了其他三种理论，也就是说其他三种理论是利益相关者理论普遍框架下的特例。大量研究表明，运用多维指标测量组织绩效更具有重要意义。在企业绩效测量中，一般运用主观绩效和客观绩效两类指标进行测量。在用主观绩效指标测量时，一般是在与行业竞争对手相比较的情况下，运用销售量、市场份额、利润和员工等指标进行测量。在用客观绩效指标测量时，有学者运用销售收入、销售率、净利润、销售回报率、投资收益率、资产回报率、股权收益率以及税前收入八个客观绩效指标进行测量。研究表明，运用主观绩效指标和客观绩效指标进行组织绩效测量时，具有良好的聚合效度，在测量组织绩效时，最好同时运用主观绩效和客观绩效指标进行测量。

（二）农业龙头企业绩效评价

我国学者对农业龙头企业绩效的研究成果越来越多。从研究绩效内涵来看，学者们结合农业龙头企业特点，从利益相关者理论出发，强调其对农户的带动绩效。也有学者开始关注农业龙头企业潜在绩效和社会绩效。从研究方法来看，大部分学者运用因子分析、回归方法等方法从盈利能力、资产营运能力、成长能力、还债能力和股本扩张能力等财务指标进行评价。众多学者利用 DEA 方法，将企业投入产出效率作为企业绩效。上述研究主要是运用客观绩效指标进行测量，但将主观绩效和客观绩效结合来测量农业龙头企业绩效的成果不多。

三、企业动态能力理论研究现状

（一）国外研究现状

长期以来，如何赢得并保持竞争优势一直都是战略管理领域的核心问题。企业的资源基础观（RBV）认为，持续的竞争优势来源于企业所拥有和控制的各种资源和能力，这些资源或能力既包括有形的资产、设备，也包括无形的管理能力等。这也就是 Prahalad & Hamel（1990）称之为企业核心能力的理论观点。然而，在日益动态变化的环境中，RBV 无法解释以下现实问题：为什么有些企业能够在快速变化、不可预测的环境中继续保持竞争优势，而有些原本成功的企业却无可奈何地衰落了？在不断变化的环境中，企业如何才能获得持续的竞争优势？正是在上述背景下，Teece（1997）在战略框架中引入了企业动态能力的概念，并构建了相应的分析框架。之后，大量学者对此做出研究贡献。国外学者提出了多种动态能力的定义，表 3-1 对它们进行了汇总。在表 3-1 中，我们发现研究者对动态能力的定义存在差异，出现战略观、资源观、文化观、知识观等不同动态能力的定义，动态能力研究维度也缺乏统一性。

表 3-1 动态能力定义汇总

研究者	定 义
Collis（1994）	动态能力是企业管理其他能力的一种能力，而战略过程则仅是企业实施战略管理的具体管理活动的一部分
Helfat（1997）、Teece（1997）	动态能力是一种能使企业通过生产新产品和重构生产流程来应对外部环境变化的胜任力或能力
Helfat（1997）	动态能力是企业为应对外部环境快速变化而构建、整合或重构内外部胜任力的能力
Eisenhardt、Martin（2000）	动态能力是一种组织过程或战略惯例，企业通过获取、释放、整合或重组自己的资源来适应或创造市场变化，或者凭借战略惯例不断更新资源配置，以满足环境变化的需要
Lee（2002）	动态能力是企业的竞争优势来源，能说明企业怎样才能应对环境变化
Zahra、George（2002）	动态能力在本质上是一种能使企业通过重新配置和整合自己的资源来应对不断发展的顾客需求和竞争对手的变革导向型能力
Zollo、Winter（2002）	动态能力是一种稳定的集体学习（活动）模式，能使企业通过系统创造或调整运营规则来提升自己的效能
Winter（2003）	动态能力是企业扩展、调整或创造常规能力的能力，是一种创造能力的能力
Cepeda、Vera（2007）	动态能力实质上是一种能使企业通过学习，整合知识、提升企业内在素质、增强动态管理的能力

其中，资源观的研究更有代表性。Teece（1997）和 Eisenhardt（2000）等学者在提出动态能力理论之初就已经对“动态能力”做出了清晰的界定和描述。他们认为，动态能力是企业适应外部环境的一种能力，是企业在外部环境变化传递的信息引导下，通过动态地更新和释放资源，协调、整合内外部关系和资源来适应环境的变化。

（二）国内研究现状

国内学者在总结国外学者对动态能力研究的基础上，将动态能力应用到相关问题研究，也有学者结合中国国情对动态能力维度进行探讨，并开发出新的量表。曹红军、赵剑波（2008）从资源的视角探讨了动态能力影响企业绩效机理，总结动态能力的维度包括动态信息利用能力、动态资源获取能力、动态内部整合能力、动态资源释放能力、动态外部协调能力。也有学者将动态能力作为中介变量研究其对企业绩效的影响，取得了很好的研究效果。

四、扶持政策与农业龙头企业绩效关系的研究现状

该问题的研究主要集中在我国。我国学者非常重视扶持政策对农业龙头企业绩效影响的研究，我们沿着“为什么要扶持—扶持得怎么样—为什么会这样”的逻辑思路展开综述。

（一）“为什么要扶持”——关于扶持理论依据探索

早期国内学者主要从信息经济学社会分工及发展极的角度进行探讨，杨明洪（2009）对农业产业化龙头企业扶持的理论依据进行了全面的定性研究，指出农业“三性”（基础性、弱质性、多功能性）和龙头企业 “三性”（主导性、涉农性、低效益性）是建立分析的理论依据。也有学者探讨绿色农业产业扶持的必要性。绿色农业外部性非常强，一方面为消费者提供了安全的产品，另一方面保护了生态环境，因此更应该进行政策扶持。周应恒、霍丽明（2003）认为，提高食品安全性会影响生产经营成本，进而削弱产品价格竞争力，所以扶持政策对于促进生产者的安全生产积极性非常重要。

（二）“扶持得怎么样”——农业龙头企业扶持的政策效率实证研究

早期，这一问题一直存在争议。部分学者认为扶持政策缺乏效率。但也有学者实证分析农业产业化扶持政策是有效率的。之后，更多学者展开更为细致的研究，认为财政税收优策可以缓解企业资金压力，使企业利润和综合绩效虚高，但在一定程度上造成了企业经营效率和成长能力的下降。在绿色农业研究领域，相关成果也存在差异。袁学国（2007）认为，发展无公害蔬菜能够促进社会总福利的增长，能够促进农民就业，增加收入。任熹真、李学华、王文昭（2010）通过对黑龙江省的密山、虎林两市绿色食品产业的“点式”调查，认为龙头企业的带动作用不明显。总体来说，学者对绿色食品农业龙头企业的政策效率还缺乏细致深入的定量研究。

（三）“为什么会这样”——龙头企业扶持的政策机制的研究

沈晓明（2002）提出农业龙头企业公益性目标与经营性目标相冲突的观点。农业上市公司补贴优惠政策使企业经营方式发生了改变，企业用政府补贴收入补偿公益性投入并以此作为稳定的利润来源。随着补贴收入的增加，企业对政府的依赖性逐渐加强，企业主营业务的盈利能力越来越差，主营业务趋向萎缩，竞争

力逐渐减弱。这一观点虽被广泛引用，但很少有学者实证分析这一观点所蕴含的政策机理。

五、研究现状总体述评及本书启示

综观国内外研究文献，专门针对扶持政策对农业龙头企业绿色食品开发行为及其绩效影响的研究成果非常少，但安全农产品生产行为、企业绩效理论、企业动态能力、农业产业化扶持政策效率的研究成果为本书的研究提供了重要参考价值和借鉴作用。

（一）安全农产品生产行为研究评述及其启示

国外学者重视农业企业安全生产行为研究，国内学者重视农户安全生产行为，对农业企业生产行为的研究较少。我们认为：在中国农业产业化中，企业与农户在某种意义上存在着分工，农户负责农产品最底端的生产，农业龙头企业负责产品开发、加工、销售。农户行为实际上受到企业决策的影响。刘连馥（2001）指出，大型企业、名牌产品的市场带动作用十分显著。因此，侧重农业龙头企业安全农产品开发行为的研究显得非常必要。

我国学者也有触及企业参与安全农产品认证行为动机和质量安全生产行为影响因素研究。实际上，企业参与安全农产品产品标志认证行为属于安全农产品开发的前提，即“开不开发”的决策行为。因此，学者们的研究成果为本书研究“扶持政策对农业龙头企业参与开发绿色食品意愿（行为）的影响”提供了基础，我们根据文献找到除扶持政策因素之外，市场因素、规制因素、企业因素也影响了企业参与绿色食品开发。本书将扶持政策与其他因子交互，以研究不同的扶持政策对企业参与认证意愿（行为）的影响效果和机理，从而深化该领域研究。此外，绿色食品开发行为还包括开发的强度行为，如开发产品品类、产品规模等。然而，这方面的研究较少，这为本书提供了研究空间。本书将展开对“扶持政策对农业龙头企业安全农产品开发强度影响”的研究，以回答扶持政策是否促进农业龙头企业绿色化扩张，这无疑具有重要的现实意义。

（二）企业绩效理论研究评述及其对本书的启示

国外学者对企业绩效理论的研究成果非常丰富，其中利益相关理论得到广泛的认同。从研究方法来说，将主观绩效和客观绩效、绝对绩效和相对绩效、财务指标和非财务指标、单一指标和多维指标结合起来研究逐渐形成共识。这为我国学者对农业龙头企业绩效评价研究提供了基础。我国学者从利益相关者理论出发，越来越强调农业龙头企业对农户的带动绩效，但对员工、顾客等利益相关主体的绩效应用研究还有待加强。在测量方法上，我国农经学者将投入产出效率作为相对绩效的应用越来越广泛，但应用主观绩效指标的研究文献还不多。本书将尝试主观绩效和客观绩效、绝对绩效和相对绩效、财务指标和非财务指标结合起来测量农业龙头企业绩效。

（三）动态能力研究评述及其对本书启示

国外学者关于动态能力理论的探讨已经成为研究热点，研究者观点各异，故研究成果也越来越丰富。国内学者基于国外学者的理论研究成果，结合中国国情进行实证性的应用研究，这对本书的研究有重要借鉴意义。当前学者对农业龙头企业动态能力的研究文献不多，本书借鉴曹红军、赵剑波（2008）开发的量表，主要原因在于该量表借鉴国内外研究成果，结合中国国情，有较好的检验效果。此外，该量表强调资源的获取、利用和释放与企业动态能力的关系。当前，我国各级政府对农业龙头企业的扶持政策非常多，扶持力度也很大，扶持政策是农业龙头企业最为重要的外部资源。因此，政策资源的获取、利用和释放与农业龙头企业动态能力建设的关系密切。因此，该量表设计非常贴合农业龙头企业面临的环境特点，我们将对该量表进行一些修改和完善。

（四）扶持政策与农业龙头企业效率关系研究评述及其对本书启示

关于农业产业化扶持政策效率的文献比较多，已经由定性研究转向定量研究，研究方法也很丰富，包括因子分析、DEA、多元回归等方法，本书借助农业产业化扶持政策效率研究方法，运用 DEA—Tobit 方法研究绿色食品产业扶持政策对农业龙头企业绩效的影响，从而将“绿色食品产业扶持政策”的研究引向深入。

虽然我国学者关于“扶持政策与农业龙头企业绩效关系”的研究取得不少成果，但仍缺乏关于“扶持政策对农业龙头企业绩效的作用机理的研究”，这为本书提供了研究空间。我们认为，部分扶持政策可直接提高农业龙头企业的经济收入，这种直接影响属于外延式影响；部分扶持政策通过提高企业动态能力来增强企业绩效，这种间接影响属于内涵式影响。本书试图构建一个扶持政策对农业龙头企业绩效影响的模型，实证研究扶持政策两条作用路径及其效应，从而为政策设计和优化提供参考。

第二节 农业龙头企业理论基础

一、农业龙头企业概念

农业龙头企业是一个特殊群体，是指以农产品加工或流通为主，通过各种利益联结机制与农户相联系，带动农户进入市场，使农产品生产、加工、销售有机结合、相互促进，在规模和经营指标上达到规定标准并经政府有关部门认定的企业。关于农业龙头企业，学术界一直没有达成统一、权威的意见，关于绿色食品农业龙头企业更是没有确切、统一的概念阐述。吴润认为，农业产业化龙头企业是专指从事农产品生产、加工、销售、服务的企业，在生产形式上实行专业化，在经营体制上实行贸工农一体化，具有一定的联系和带动作用。农业部等八部委认为，农业龙头企业必须在规模和经营指标上达到规定标准且获得认定，然后主要从事农产品加工或流通，通过利益机制与农户产生关联性，有机结合农产品生产、加工与销售的企业。杨文钰认为，农业产业化龙头企业是集农业生产、加工与流通一体化的企业，具有规模大、带动能力强、经济效益好、产品具有市场竞争优势等特性，并且与基地农户风险共担、利益共享。

二、国家级农业龙头企业标准

（1）企业组织形式。依法设立的以农产品加工或流通为主业、具有独立注入资格的企业。包括依照《中华人民共和国公司法》设立的公司，其他形式的国有、集体、私营企业以及中外合资经营、中外合作经营、外商独资企业，直接在工商行政管理部门登记开办的农产品专业批发市场等。

（2）企业经营的产品。企业中农产品加工、流通的增加值占总增加值的 70% 以上。

（3）加工、流通企业规模。总资产规模：东部地区 1 亿元以上，中部地区 7000 万元以上，西部地区 4000 万元以上。固定资产规模：东部地区 5000 万元以上，中部地区 3000 万元以上，西部地区 2000 万元以上。年销售收入规模：东部地区 1.5 亿元以上，中部地区 1 亿元以上，西部地区 5000 万元以上。

（4）农产品专业批发市场年交易规模：东部地区 10 亿元以上，中部地区 8 亿元以上，西部地区 6 亿元以上。

（5）企业效益。企业的总资产报酬率应高于同期银行贷款利率；企业应不欠税、不欠工资、不欠社会保险金、不欠折旧，不亏损。

（6）企业负债与信用。企业资产负债率一般应低于 60%；企业银行信用等级在 A 级以上（含 A 级）。

（7）企业带动能力。通过建立可靠、稳定的利益联结机制带动农户（特种养殖业和农垦企业除外）的数量一般应达到：中东部地区 3000 户以上，西部地区 1000 户以上；企业从事农产品加工、流通过程中，通过订立合同、入股和合作方式采购的原料或购进的货物占所需原料量或所销售货物量的 70%以上。

（8）企业产品竞争力。企业的产品质量、产品科技含量、新产品开发能力在行业内居领先水平，主营产品符合国家产业政策、环保政策和质量管理标准体系，产销率达 93%以上。

三、农业龙头企业理论

（1）政治经济学与农业产业化经营。在农业产业化经营的早期研究中，我国学者总体上倾向于以马克思政治经济学理论为依托，牛若峰、夏英将农业产业化理论归结为：社会分工协作理论、合作制理论、比较利益理论、平均利润理论等。这些理论讨论大部分建立在传统的政治经济学基础上。牛若峰、夏英认为，农业产业化经营是社会分工演进的过程，即专业化、社会化、一体化相辅相成，共同促进农业与关联产业逐渐走上一体化的转型过程。实际上马克思的社会分工理论和亚当·斯密的劳动分工理论同属于古典政治经济学派理论，这一社会分工理论强调分工带来了专业化经济。

（2）交易费用理论与农业产业化经营。交易费用理论是新制度经济学的一个重要分支，其重要的代表人物有科斯（R. H. Coase）、威廉姆森（O. E. Willimason）、阿罗（K. L. Arrow）、阿克洛夫（G. A. Akerlof）、阿尔奇安（A. Alehian）等。信息不对称、有限理性和机会主义行为是交易费用理论三个最为重要的假设，随着这些理论的不断发展，我国学者开始运用这些理论来对农业产业化经营进行分析，为认识农业产业化经营的本质做出重要贡献。该理论从农户面临的市场信息、市场垄断、市场风险方面，说明农户面临的市场交易费用过高，从而选择农业产业化经营来降低交易费用。

（3）制度变迁理论与农业产业化经营。道格拉斯·诺思（D. North）是制度变迁理论重要代表。诺思认为，制度安排决定效率，由于各国的制度安排不同，其历史进步和经济发展也不同。制度变迁用一种制度安排去替代另一种制度安排，制度变迁的根本动力就是变迁收益大于变迁成本。我国学者林毅夫创造性地将制度变迁分为诱制性制度变迁和强制性制度变迁。由于制度变迁理论在说明制度变迁的原因与变迁轨迹方面有较强的说服力，我国一些学者也开始用这一理论解释农业产业化经营产生根源及其发展方向。牛若峰、夏英认为，我国农业产业化经营本质上是一种诱制性制度变迁，这是因为，农业产业一体化经营可以降低交易费用、生成规模优势，使公司和农户收益大幅提高，从而自发形成利益共同体的过程。

（4）现代契约理论。现代契约理论是新制度经济学的一个崭新的分支。科斯、德姆塞茨、哈特、克莱因、格罗斯、张五常等先后对契约理论进行了深入研究。周立群以现代契约理论为基础分析了“公司+农户”中的商品契约、要素契约效果，也指出了“公司+农户”准一体化合约各种现实约束条件。欧阳昌民指出，“公司+农户”中契约的不稳定性是因为其中利益分配机制不完善，决定契约价格的主要因素是农户参与项目的机会成本和组织化程度等。

第三节 绿色食品农业龙头企业

一、绿色食品农业龙头企业

目前关于农业龙头企业的研究文献较多，而关于绿色食品农业龙头企业的研究却较少，那么到底什么是绿色食品农业龙头企业呢？笔者认为，绿色食品农业产业化是指遵循发展农村经济与农业生态环境保护相协调，自然资源开发与保护增值相协调的原则，以生态系统承载能力为前提，充分发挥生态优势与产品优势，以农业生产、生态良性循环为目的，开发优质、安全、无公害农产品的现代化农业产业。

本书在此基础上进行了一个概念延伸，认为绿色食品农业龙头企业是指立足农业领域，以遵循追求自身利润、价值最大化与农业生态环境保护相协调为动机，开发优质和安全无公害、绿色、有机农产品等综合功能较强、规模较大，并致力于带动农户增收，促进地区发展经济、提高环境效益的各类组织。

二、绿色食品农业龙头企业绩效

（一）企业绩效

“绩效”一词最早出现于管理学，但不同的学科领域对其有不同的认识。基于管理学的视角，学者们认为，绩效是组织为实现目标而体现出的不同有效输出结果；基于经济学的视角，学者们认为，绩效是员工对组织的承诺；基于社会学的视角，学者们认为，绩效是每个社会成员所承担的职责。

有学者认为，绩效是完成工作的效能与效率。本书认为，绩效是工作行为、工作方式与工作结果及其带来的客观影响，是成绩与效率的结合。成绩主要体现在净利润额、资本累积量等财务指标上，这些指标被赋予权重后，将指标得分进行加总得到企业的“成绩”。可见用各项客观指标来衡量企业的绩效存在一定的个体差异，所以绩效还要考核其效率，即对投入与产出进行分析。

（二）绿色食品农业龙头企业绩效

企业绩效体现的是企业在某段时间的经营效益与经营者业绩，企业经营效益可以用企业的盈利能力、运营能力、偿债能力及发展能力等考核，经营者业绩评价的是经营者在企业管理过程中对企业经营、成长、发展所做的贡献。

绿色食品农业龙头企业拥有企业绩效的一般特征，也具有自身的特点。农业龙头企业的绩效评价一般从企业、农户、政府三维度构建绩效评价体系，而绿色食品农业龙头企业绩效评价不仅要考虑到农业龙头企业绩效的评价指标，还要结合其绿色食品开发行为的这一独特性。因此，绿色食品农业龙头企业绩效的评价在借鉴农业龙头企业绩效评价体系的基础上，再结合一些关于企业绿色食品开发及绿色食品扶持政策等指标。

第四节　绿色食品开发认证体系

绿色食品认证体系由四个基本部分组成：严密的质量标准体系、全程质量控制措施、科学规范的管理手段、高效的组织网络系统。

一、严密的质量标准体系

绿色食品产地环境质量标准要求绿色食品初级产品和加工产品主要原料的生长区域内没有工业企业的直接污染，水域上游和上风口没有污染源对该地区域直接构成污染威胁，从而使产地区域内大气、土壤、水体等生态因子符合绿色食品产地生态环境质量标准，并有一套保证措施，确保该区域在今后的生产过程中环境质量不下降。

绿色食品生产技术标准指绿色食品种植、养殖和食品加工各个环节必须遵循的技术规范。该标准的核心内容是：在总结各地作物种植、畜禽饲养、水产养殖和食品加工等生产技术和经验的基础上，按照绿色食品生产资料使用准则要求，指导绿色食品生产者进行生产和加工活动。

绿色食品最终产品必须由定点的食品监测机构依据绿色食品产品标准检测并

合格。绿色食品产品标准是以国家标准为基础，参照国际标准和国外先进技术制定的，其突出特点是产品的卫生指标高于国家现行标准。绿色食品产品包装标准规定了产品包装必须遵循的原则、包装材料的选择、包装标识内容等要求，目的是防止产品遭受污染，资源过度浪费，并促进产品销售，保护广大消费者的利益，同时有利于树立绿色食品产品的整体形象。

绿色食品认证标准规定了绿色食品的认证程序；明确了两端监测、中间控制的重要措施；检查员的注册制度和现场检查规范，加强了现场检查和控制力度；并对产品抽样和检验进行了规范，有效保证了抽样的有效性。

二、全程质量控制措施

绿色食品生产实施“从土地到餐桌”全程质量控制，以保证产品的整体质量。在绿色食品开发过程中，生产前由定点环境检测机构对绿色食品产地环境质量进行监测和评价，以保证生产地域没有遭受污染；在生产过程中，由委托管理机构派检查员检查生产者是否按照绿色食品生产技术标准进行生产，检查生产企业的生产资料购买、使用情况，以证明生产行为对产品质量和产地环境质量是有益的；产后由定点产品监测机构对最终产品进行监测，确保最终产品质量。

三、科学规范的管理手段

中国绿色食品实行统一、规范的标志管理，即通过对合乎特定标准的产品发放特定的标志，用以证明产品的特定身份以及与一般同类产品的区别。从形式上看，绿色食品标志管理是一种质量认证行为，但绿色食品标志是在国家工商行政管理局注册的一个商标，受《中华人民共和国商标法》的严格保护，在具体运作上完全按商标性质处理。因此，绿色食品在认定的过程中是质量认证行为，在认定后是商标管理行为，也就是说，绿色食品标志管理实现了质量认证和商标管理的结合，实现这个结合既使绿色食品的认定具备产品质量认证的严格性和权威性，又具备商标使用的法律地位。实施绿色食品标志管理不仅可以有效地规范企业的生产和流通行为，而且有利于保护广大消费者的权益。

四、高效的组织网络系统

为了发动分散的农户和企业组织进入绿色食品的管理和开发序列，中国绿色食品发展中心构建了三个组织管理系统，并形成了高效的网络。

（1）在全国各地委托了分支管理机构，协助和配合中国绿色食品发展中心开展绿色食品宣传、发动、指导、管理、服务工作。

（2）委托全国各地有省级计量认证资格的环境监测机构负责绿色食品产地环境监测与评价。

（3）委托区域性的食品质量监测机构负责绿色食品产品质量监测。绿色食品组织网络建设采取委托授权的方式，并使管理系统与监测系统分离，这样不仅保证了绿色食品监督工作的公正性，而且增加了整个绿色食品开发管理体系的科学性。

第四章　农业龙头企业开发绿色食品的创新行为机制研究

战略导向和知识创新观是产品创新两大理论，其中战略导向分为创业导向和市场导向。本书将构建一个战略导向、知识螺旋与产品创新关系模型，以农业龙头企业作为调研对象，将其绿色产品开发行为看成产品创新行为进行实证分析。结果显示：创业导向对知识螺旋有正向影响，并且显著，市场导向对知识螺旋影响不显著，知识螺旋对产品创新产生正面影响。创业导向—知识螺旋—产品创新路径是战略导向影响产品创新的主要路径，且知识螺旋的中介效应非常明显。但市场导向—知识螺旋—产品创新这一路径的影响效果不显著。

第一节　研究背景

当前，我国经济发展进入新常态，正处在爬坡过坎的关口，不断深化改革、调整经济结构、促进经济转型升级是当前的重要任务。提高企业创新能力、推进企业产品创新是促进“中国制造”向“中国创造”转变的关键所在。

国内外关于产品创新的理论很多，其中战略理论和知识创新理论是两大重要理论。两个理论延伸出的企业产品创新机理研究成果非常丰富。其一，战略导向观。Gatignon 等认为，企业创新必须考虑企业战略，企业战略导向不同，其带来的企业创新活动也不同。战略导向主要包括创业导向和市场导向，许多研究表明企业导向对产品创新有促进作用。其二，知识创新观。这种观点认为，产品创新本质上是知识创新。企业是一个知识体，通过知识转化、传播、共享、创新来形成一个新的知识体，知识创新以知识螺旋为特征，以产品创新为载体。显性知识与隐性知识之间的转化与螺旋上升造就了产品创新。虽然这两种理论沿着不同的方向阐述与企业产品创新的关系，实际上，两者之间实际存在密切联系。有学者已经意识到知识创新与战略导向之间的关系，如耿紫珍等认为，企业战略导向对知识获取具有正面影响。但知识获取只是知识螺旋的前提，知识螺旋与产品创新联系更密切。遗憾的是，目前关于战略导向、知识螺旋与产品创新之间关系的研究成果不多。现有研究成果没有给出战略导向、知识螺旋与产品创新之间的作用机理。知识螺旋能否作为战略导向影响产品创新的中介变量，其中介效应如何？在战略导向中，究竟是创业导向还是市场导向起主导作用？

本书将构建一个战略导向、知识螺旋与产品创新关系模型，该模型的基本逻辑是：在战略导向驱动下，企业家提出创业构想和完善产品设计，而企业内部的隐性和显性知识不断交融，不断形成知识螺旋，最终实现产品创新。具体来说，本书以战略导向为解释变量，并试图探索知识螺旋作为中介变量对产品创新的作用路径。

此外，本书以农业龙头企业作为调研对象，将其绿色产品开发作为产品创新行为。笔者认为，对农业龙头企业来说，生产绿色食品意味着采用新的生产技术、新的生产基地、新的管理和营销模式，这就意味着企业开发绿色食品将面临较大风险。笔者曾从事绿色食品产业研究，发现一个现象：虽然我国绿色食品产业规模 20 多年来以 10%以上的速度增长，但到 2014 年为止，全国各类农业龙头企业超过 12 万家，但从事绿色食品开发的农业龙头企业不到 1 万家，约占 8.8%。此外，我国绿色食品农业龙头企业对绿色产品开发的持续性不强，我国绿色产业扩张 80%的贡献率来自认证企业数量的扩张，企业绿色规模扩张的贡献率不足 20%。为什么企业绿色食品创新绩效不高？这需要对农业龙头企业绿色食品开发微观机制进行探索？遗憾的是，在农业经济领域，这一直是亟待打开的“黑箱”。本书探索战略导向、知识螺旋与产品创新之间的关系，无疑具有非常重要的价值。

第二节 文献回顾与研究假设

一、文献回顾

（一）战略导向

战略导向的概念最早来自营销学，是指企业为了获得持续性竞争优势或绩效所实施的一种全局性战略方向。战略导向—产品创新关系已经成为当今学者的研究热点，但实证分析结论并不一致。于是有研究者认为，战略导向—创新绩效相互关系中可能存在调节变量（Moderator），如环境变量，包括市场环境、技术环境、竞争环境等；也有学者试图通过发现战略导向—产品创新关系的中间变量，从而探索战略导向对产品创新的路径。相应的中介变量包括组织创新、组织学习、产品质量等等。

大部分学者认为，市场导向和创业导向是战略导向最重要的两个部分，它们对产品创新产生正面影响。市场导向是指，企业倾向于通过满足顾客需求来获取竞争优势，该概念的核心要素是“以顾客为中心”，即围绕着顾客需要来进行组织设计、组织学习、资源配置等。创业导向是指，创业者（企业家）通过捕捉新机会、实施新业务推动企业发展，使企业更能在动态的竞争环境中调整其经营方向。其核心内容是创新性、冒险性和前瞻性。

本书认为，组织创新与产品创新同属创新，两者是并列关系，将组织创新作为战略导向影响产品创新的中介变量不妥。组织学习是战略导向的基本活动之一，战略导向含有企业为获取竞争优势进行组织设计和组织学习。产品质量与产品创新具有产品品质改进的共同内涵，也不适宜作为中介变量。

（二）知识螺旋

在产品创新理论中，知识创新观越来越被广大学者接受，并逐渐形成一个重要学术分支。其中，知识螺旋模型成为广泛认同的企业知识创新模型。知识螺旋理论最早由日本学者野中郁次郎与竹内弘高总结出来，他们将知识分为“隐性知识”和“显性知识”。知识螺旋理论分为共同化、表外化、联结化、内在化四种知识转换模式，并透过个人、群体、组织等层次逐级创造、扩散、积累，形成了“知识螺旋”。共同化，是指知识创造者将个体隐性知识传播给组织成员的过程；创造诸如共有心智模式和技能之类隐性知识的过程；表出化，是组织成员将隐性知识通过可接受的通用性知识符号，是将隐性知识转化为显性知识的过程；联结化，是组织将各种知识符号体系化的过程，组织通过知识创新和在组织成员中进行知识分享、传播知识，实现知识增值过程，这一过程是将显性知识扩大化的过程；内在化，是指扩大和增值化的显性知识以组织文化、心智模式、技术诀窍等形式内隐到个体成员内心的过程，是由显性知识转化成隐性知识过程。

（三）产品创新

关于创新的研究成果非常多，许多经济学家将创新看成一种生产函数转变为另一种生产函数。Schumpeter 指出，创新是“生产要素的重新组合”。产品创新是指企业为满足消费者需求进行的新产品或新服务的开发活动。显然，新产品或新服务与企业老产品、老服务存在明显的差异。本书以农业龙头企业进行绿色食品开发行为作为产品创新样本，符合产品创新的本质要求。农业龙头企业生产的普通农产品与绿色食品相比存在三个显著性差异：其一，生产基地或环境存在差异。绿色食品对农业环境的要求很高。如土壤、水质、空气等。其二，农产品生产技术存在差异。绿色农产品生产过程中尽量使用生物防治病害方法，尽量少用农药，即使用农药也必须使用生物农药。其三，销售模式不同，绿色食品消费人群与普通食品的不同，因此企业需要采用不同渠道和不同营销手段来完成销售。

二、研究假设

（一）战略导向与产品创新关系

战略导向分为创业导向和市场导向。创业导向是一种先动战略驱动导向，即企业家在动态变化环境中，积极地率先发现市场机会，并驱动开发新产品。创业导向中的冒险性是指企业家冒着失败风险引入新技术、新概念、新商业模式，从而推动产品创新。此外，创业导向的创新性体现了企业获取知识过程中的积极性和主动性。企业一般不会满足现有知识，仍愿投入大量的资源获取新知识，力求产品创新。因此，我们可以做出如下假设。

H1a：企业创业导向对产品创新产生正面影响。

大部分文献将市场导向分为顾客需求和竞争维度。首先，顾客需求呈现动态变化和多样性特点。一方面，企业通过调查顾客需求，获取消费信息，提出创新产品构想；另一方面，对企业生产的创新产品进行改进，不断满足消费者需求。其次，竞争者威胁为企业产品转型和创新带来压力，促进企业产品创新。此外，竞争对手创新产品通过知识溢出，也将为企业产品创新带来新信息。因此，我们可以做出如下假设。

H1b：企业市场导向对产品创新产生正面影响。

（二）知识螺旋与产品创新

产品创新源于创意。从创意产生来看，包含了新信息获取、共享、利用、创造新知识几个阶段。创意形成之初，可能是一个隐性知识，企业高层通过讨论，进一步明显知识，使其成为显性知识，使新产品构想“共同化”。随着组织学习，使产品构想这一显性知识与隐性知识交互作用，不断螺旋上升，企业内部成员对知识的重新整合与创造，使之“表外化”。企业内部在跨部门交流过程中，使知识螺旋 “联结化”。企业在“干中学”过程中，不断发现新问题、提出新创意，使知识螺旋实现“内在化”。因此，企业产品创新的本质是知识流创造过程，任何企业产品创新都离不开企业内部知识螺旋影响。因此，我们可以做出如下假设。

H2：企业知识螺旋对产品创新具有促进作用。

（三）战略导向与知识螺旋关系

目前，关于战略导向与知识螺旋关系的文献不多。但大部分学者认为，战略导向是驱动知识螺旋的“原动力”。正是由于创业导向的先动性，使得企业最早发现新的需求和市场机会，企业家将这种隐性知识传播到企业高层，并不断达成共识，实现知识螺旋的“共同化”。将“共同化”知识转化成“表外化”的知识需要企业高层在“战略导向”下大力推行，尽管需要付出巨大资源与成本，但企业家在所不惜。“联结化”的实现，一方面需要企业家强力推行；另一方面，需要跨部门组织成员不断吸纳市场知识和信息，不断改善新产品设计，因此市场导向驱动的作用显得非常重要。创新知识“内在化”也需要顾客需求知识和竞争者知识反复驱动，显性知识与隐性知识反复交叉与融合，直到内化成每一个组织成员的“心智模式”。正是由于战略导向中创业导向与市场导向外驱动力的影响，组织中“知识螺旋”不断实现。因此，我们做出如下假设。

H3：战略导向能积极驱动知识螺旋的形成。

（四）战略导向、知识螺旋与产品创新关系

根据上述分析，我们得出：战略导向驱动了知识螺旋发生，同时战略导向与知识螺旋都对促进产品创新有积极正面影响。因此，我们做出如下假设。

H4：知识螺旋在战略导向对产品创新过程中具有中介效应。

由此，我们可以构建战略导向、知识螺旋与产品创新之间的关系模型，如图 4-1 所示。

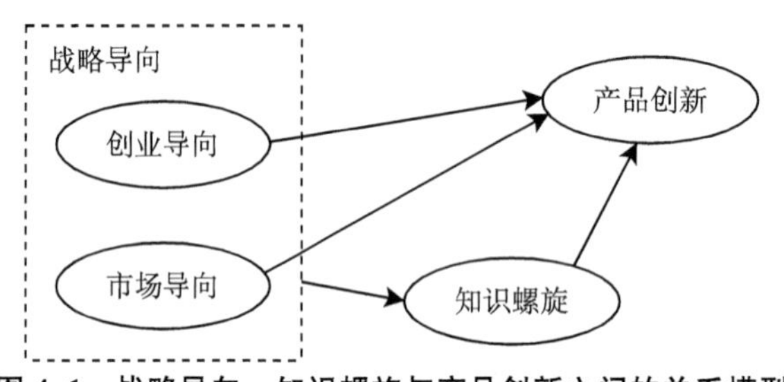

图 4-1　战略导向、知识螺旋与产品创新之间的关系模型

第三节　研究设计

一、样本和数据搜集

本书所界定的“产品创新”是以我国农业龙头企业开发绿色食品作为样本分析。借助江西省农业厅农业产业化办公室和江西省绿色食品发展中心的力量，对江西省范围内绿色食品农业龙头企业展开调研分析。

课题组先选取 10 家绿色食品农业龙头企业进行预调查，问卷设计过程中与相关专家及企业家展开访谈，多次修改调查问卷文字及措辞，不断完善相关内容。根据预调查情况，最终确定调研方案，并于 2014 年 9 月至 2015 年 1 月对 208 家绿色食品农业龙头企业的董事长、总经理或高管团队进行调研。课题组采用电子邮件、电话访谈及直接访谈的方式调查 208 家企业，共收回有效问卷 182 份。所有企业均为县、市级以上绿色食品农业龙头企业。

二、变量度量

本书采用李克特五分量量表，所有变量的测量均采用国际成熟量表，并根据中国实际情况修正的题项，具体如下：

（1）市场导向变量测量：该量表设计参考 Slater 和 Narver 开发的量表，结合绿色食品农业企业特点，设计题项为 6 项，如表 4-1 所示。

（2）创业导向变量测量：该量表设计参考 Covin 和 Selvin 以及 Lumpkin 和 Dess 开发的量表，结合绿色食品农业企业的特点，设计题项为 4 项，如表 4-1 所示。

（3）产品创新变量测量：该量表设计参考 Hurley 等开发的量表，结合绿色食品农业企业的特点，设计题项为 3 项，如表 4-1 所示。

（4）知识螺旋变量测量：该量表设计参考 Nonaka 等的测量量表，开发量表的题项，结合绿色食品农业企业特点，设计题项为 10 项，如表 4-1 所示。

第四节　数据检验与结果分析

一、变量的信度和效度检验

本书采用 Spss 17.0 软件对变量的信度和效度进行分析，具体结果如表 4-1 所示。

表 4-1　变量、题项、信度及效度检验值

变量及题项	AVE	因子载荷	Cronbach's α	CR
市场导向	0.678		0.902	0.832
企业非常重视改善顾客满意度		0.773		
企业竞争优势的基础源于充分了解顾客需求		0.794		
管理层经常讨论竞争对手的战略和行动		0.810		
企业能够快速回应竞争者的行动		0.736		

续表

变量及题项	AVE	因子载荷	Cronbach's α	CR
企业各部门能够共享商业信息		0.788		
在满足顾客需求的行动上各部门能够密切合作		0.764		
创业导向	0.552		0.897	0.884
企业家重视研发和技术领先		0.823		
倾向于作为领导者，经常在行业内率先创新		0.701		
管理层经常审视产业发展趋势，并采取行动应对		0.799		
企业家偏好关注高风险、高收益的项目		0.841		
产品创新	0.783		0.901	0.910
新绿色产品的推出数量		0.789		
新绿色产品销售增长率		0.734		
新绿色产品利润增长率		0.818		
知识螺旋	0.630		0.889	0.811
企业经常从销售和生产场所获得信息和共享经验		0.862		
企业重视“师傅带徒弟”的传授方法		0.729		
企业经常展开“头脑风暴”		0.794		
企业有完善的专门知识手册		0.793		
企业建立了丰富的产品和服务的数据库		0.766		
企业有丰富的信息、学习课程和实践经验的知识库		0.817		
企业经常实施跨部门在职培训		0.794		
企业重视“干中学”等学习方式		0.833		
企业重视传播最新创造的概念与思想		0.733		
企业经常组织员工面对面讨论学习本企业的成功案例		0.780		

结果显示：各变量的 Cronbach's α 系数均大于 0.8，这说明量表内部的一致性较好。所有题项的标准因子载荷均大于 0.7，这说明量表具有较好的效度和区别度。且平均变异抽取量 AVE 均大于 0.5，组合信度 CR 均大于 0.8。此外，KMO 值为 0.751，Bartlett 球形检验值为 2319.2，$P<0.001$，这进一步说明，本书采用的问卷具有较好的信度和效度，这为接下来的结构分析打下基础。

二、模型拟合分析

本书使用结构方程模型 AMOS7.0 软件，对整体模型的拟合度进行了分析，总体拟合指标为：χ^2/df 为 2.55、GFI 为 0.912、RMSEA 为 0.047、RMR 为 0.042、CFI 为 0.918、NFI 为 0.933（见表 4-2），这说明本书的结构方程模型具有非常理想的拟合度。

表 4-2 模型拟合度情况分析

拟合指标	衡量标准	模型拟合指标值
χ^2/df	1 < χ^2/df < 3	2.55
TLI	> 0.9	0.931
GFI	> 0.9	0.912
RMSEA	< 0.06	0.047
RMR	< 0.05	0.042
CFI	> 0.9	0.918
NFI	> 0.9	0.933

三、路径检验

利用 AMOS7.0 软件对战略导向、知识螺旋和产品创新的整体作用关系和转化路径检验结果如表 4-3 所示。

表 4-3 战略导向、知识螺旋和产品创新之间影响路径关系

路径	标准化的参数估计值	T 值	路径显著性
创业导向→产品创新	0.232**	2.011	显著
市场导向→产品创新	0.065	1.330	不显著
创业导向→知识螺旋	0.309***	3.289	显著
市场导向→知识螺旋	0.106	1.437	不显著
知识螺旋→产品创新	0.488***	3.777	显著

注：*** 表示 p = 0.01；** 表示 p = 0.05。

结果表明：创业导向对产品创新有正向影响，并且影响显著，其路径系数为 0.232（T = 2.011，$p < 0.05$），假设 H1a 得到支持；市场导向对产品创新的影响不显著，其路径系数为 0.065（T = 1.330，$p > 0.1$），假设 H1b 没有得到支持；创业导向对知识螺旋产生显著性影响，其路径系数为 0.309（T = 3.289，$p < 0.01$），假设 H2 得到有效支持；市场导向对知识螺旋产生的正面影响不显著，其路径系数为 0.106（T = 1.437，$p > 0.1$），假设 H2b 没有得到有效支持；知识螺旋对产品创新产生显著性影响，路径系数为 0.488（T = 3.777，$p < 0.01$），假设 H3 得到有效支持。

为了进一步探索市场导向和知识螺旋的内在关系，我们用 AMOS7.0 软件检测市场导向与知识螺旋四个维度之间的关系，结果如表 4-4 所示：

表 4-4　市场导向与知识螺旋影响关系

路径	标准化的参数估计值	T 值	路径显著性
市场导向→共同化	0.503***	6.458	显著
市场导向→表外化	0.009	0.016	不显著
市场导向→联结化	0.016	0.211	不显著
市场导向→内在化	0.119*	1.689	显著

注：*** 表示 p = 0.01；* 表示 p = 0.1。

市场导向对知识螺旋“共同化”的影响非常显著，对知识螺旋的“内在化”也产生正面影响；但对知识螺旋“表外化”和“联结化”的影响很不显著。

第五节　结果分析与讨论

一、创业导向、市场导向与知识螺旋关系

（一）创业导向与知识螺旋

研究结果证实了创业导向对知识螺旋存在正面影响，这表明创业导向是驱动知识螺旋的重要力量。创业企业先是新想法和新点子，然后由组织成员参与开发新产品。新产品的技术创新涉及广泛而深入的知识获取和整合活动。具有创业导向的企业往往依赖知识流程中重点投入部分的员工知识和技能，企业内部知识体系不断进行“吐故纳新”，形成知识螺旋，从而最终促进产品创新。知识螺旋是一项复杂的知识共享、传播、创新过程，在“共同化”、“表外化”、“联结化”、“内在化”过程中，要求企业员工打破固有的“心智模式”，克服“惰性”和“惯性思维”，完成这一系列过程需要强大驱动力。只有强烈的创业导向观念才能驱动企业知识体系形成新的知识螺旋。

（二）市场导向与知识螺旋

研究结果表明，市场导向对知识螺旋的影响不显著，这与前文的假设存在矛盾。仔细思考，市场导向侧重于消费者导向和竞争导向，企业营销部门所获得的消费者信息和市场信息，对于产品创意产生和新产品设计有着重要作用。在知识

螺旋过程中，市场导向有利于驱动知识的“共同化”和“内在化”，但对驱动知识“表外化”和“联结化”的影响作用不明显。在任何企业知识体系建设过程中，“表外化”和“联结化”均受到部门利益和“思维惯性”的制约。仅凭“市场导向”引导，可能难以实现知识“表外化”和“联结化”，这需要企业高层强有力的驱动。

二、知识螺旋与产品创新

研究结果证实了知识螺旋对产品创新存在正面影响。这一研究结论与 Tsai Ghoshal 的研究结论类似。企业通过知识的“共同化”、“表外化”、“联结化”和“内在化”过程，将隐性知识和显性知识不断交互，形成知识螺旋，将激发创造性思维，实现从产品创意到新产品设计的过程，从而促进产品创新。

三、创业导向、市场导向与产品创新

研究结果证实了创业导向对产品创新的正面影响，其影响机制是以知识螺旋为中介变量。在上述分析结果基础上，我们进一步分析得出：创业导向—知识螺旋—产品创新路径是战略导向影响产品创新的主要路径，其中，知识螺旋的中介效应非常明显。但市场导向—知识螺旋—产品创新这一路径的影响效果不显著，其主要原因是市场导向对知识螺旋的影响不显著所造成的。

第六节　研究结论与建议

本书验证了战略导向、知识螺旋与产品创新之间的关系。从研究中我们发现：创业导向—知识螺旋—产品创新路径是战略导向影响产品创新的主要作用路径，而市场导向—知识螺旋—产品创新的作用路径效果不明显。前条影响路径中，市场导向通过影响知识螺旋的“共同化”和“内在化”来作用于产品创新。总体上，该书基本上打通了产品创新战略观与知识观的内在联系，也逐步探索了三者之间的作用机理，但市场导向对知识螺旋的“表外化”和“联结化”影响还

需要进一步探讨。

本书对于如何促进企业产品创新、推进企业转型升级有重要的启示：

（1）加强对创业导向行为的宣传。由于创业导向对产品创新影响的重要意义，各级政府应该充分保护和鼓励企业的创业导向行为。在众多企业中，选择一些典型创业导向行为加以宣传，为其他企业树立榜样，引导和传播企业的创业导向行为。如在绿色农业发展过程中，对农业龙头企业开发绿色食品行为进行宣传、表彰，引导其他农业龙头企业开发绿色食品。

（2）政府要加大对创业导向型企业的扶持力度。我国政府设立了许多产业发展扶持基金，许多管理部门也出台了扶持对策。如果这些资金和政策能集中惠及创业导向型企业，将有力促进产品创新，推进我国经济发展的转型升级。在绿色农业开发过程中，政府要优化相关扶持政策，扶持资金和项目应倾向创业导向型农业龙头企业。

（3）要大力促进企业的知识创新体制建设，完善企业知识螺旋形成机制。首先，加强对企业家及高层管理者的培训。要通过培训不断增强企业家和高层管理对企业知识螺旋重要性的认识，并使企业家了解如何在企业内部推进知识螺旋体系，尤其要对知识螺旋体系中知识的共享、传播、创新和隐性知识与显性知识交互方法进行培训。其次，要通过政策支持，鼓励企业加强信息化建设。这是因为信息化建设对实现知识螺旋的“表外化”和“联结化”有着重要意义。最后，各级政府应加强行业协会、战略联盟和协同创新体系建设。每个企业知识体系具有保密性和孤立性的特征，知识螺旋的本质是各种知识和信息交融创生新的知识。各级政府要重视搭建桥梁的重要意义。行业协会、战略联盟和协同创新体系建设，有力促进不同个体相互交流知识，形成更大的知识螺旋，从而推动产品创新发展。

第五章　绿色食品农业龙头企业绩效测定

第一节　绿色食品农业龙头企业绝对绩效测定

一、相关理论介绍

（一）企业绩效理论

国外关于企业绩效评价的理论主要包括行为绩效法、绩效产出评价法和平衡计分卡法。

（1）行为绩效法。行为绩效法由美国的坎贝尔提出，认为绩效包括职务特定作业绩效与非特定作业绩效，写作与口头交流，努力与遵纪守法，能给团体和同事带来便利，监督与领导，管理等八个层面，并从财政、人事、信息、领导目标和基础设施五个维度构建了绩效评价模型。

（2）绩效产出评价法。绩效产出评价法由伯纳丁等提出。他们将绩效理解为任务的完成、目标的实现、结果与产出，认为个体知识能力的差异对作业绩效产生显著影响。

（3）平衡计分卡法。平衡计分卡模型由卡普兰和诺顿提出。平衡计分卡不但从财务指标进行评价，而且从非财务指标进行评价。最终从财务、内部业务流程、客户、创新和学习四个维度构建了评价模型。

（二）利益相关者理论

自利益相关者概念提出至今，有关利益相关者概念的表述众多，然而没有一个定义得到普遍的赞同与接受。弗里曼将人和组织实体纳入利益相关者的定义中，认为利益相关者是能够影响一个组织目标的实现，或者在组织实现目标过程时被影响的个体与群体。克拉克森认为，利益相关者是指将实物资本、人力资本和财务资本投入企业而必须承担一定风险的主体。江若尘将利益相关者定义为能够影响企业战略制定和绩效并对企业有法定权利的个人和组织。李苹莉认为，利益相关者是存在有效契约关系的群体，利益相关者划分为有契约关系的个体（股东、债权人、经营者、职工、顾客、供应商等）和无契约关系但利益受公司经营影响的个人或群体（社会群体、社区、竞争对手等）两类。郝云宏、曲亮等从企业的契约本质，认为企业的利益相关者是与企业建立了契约关系，且这一契约关系规定了相互责任和收益的个人和团体。而本书的利益相关者主要是从企业自身、农户、社会三个主体出发对绿色食品农业龙头企业的绩效进行评价。

（三）DEA 方法

DEA 方法采用的是数学规划方法，通过利用有效样本数据评价决策单元的生产有效性。决策单元是指在运用 DEA 方法时将一项活动或者一个动态系统看作是该活动或者系统在一定范围内通过投入一定数量的“生产要素”并得到一定数量的“产出”过程。通过综合分析输入与输出的数据，能够得到每个决策单元综合效率的数量指标与有效的生产前沿面，根据各个决策单元与有效生产前沿面的距离确定其 DEA 的有效性，从而确定有效的决策单元，并对其他决策单元给出非有效的原因与改进方向。DEA 分析中经常用 CCR 模型。该模型认为，一组可比较的决策单元中某些个体的生产行为形成生产前沿面，相对技术效率单元位于前沿面的决策单元上，将非前沿面上的决策单元投影至生产前沿面能够得出改进的方式。当前 DEA 方法中使用广泛的是 CCR 模型：

$$\sum_{i=1}^{n} X_i Y_i + S^- = \theta x_0 \qquad 式（5-1）$$

$$\sum_{i=1}^{n} Y_i W_i + S^+ = y_0 \qquad 式（5-2）$$

式（5-1）、式（5-2）中，X_i 为输入变量，Y_i 为输出变量，该模型是相应于 i_0

产业的 DEA 模型。S^-、S^+是剩余和松弛变量；θ 为该决策单元的有效值，即投入相对于产出的相对效率。若 $\theta = 1$，说明 i_0 地区是 DEA 有效；否则说明产业是非 DEA 有效的。

二、企业绩效评价指标体系构建及研究方法选择

（一）农业龙头企业绩效评价指标体系

（1）一般企业绩效评价指标体系。《企业绩效评价操作细则》规定：企业绩效评价指标体系包括财务效益指标、偿债能力指标、资产运营指标、发展能力指标四个方面。财务效益指标从企业经济效益与经营者业绩两方面来评价企业绩效；偿债能力指标从企业偿还债务的能力来衡量企业经营绩效；资产运营指标通过考核企业的资金周转情况、企业经济资源的利用率来评价企业绩效；发展能力指标与企业健康持续发展关系密切，也能够反映债权人的风险程度，可以很好地评价企业绩效。

（2）农业龙头企业绩效评价指标体系。构建农业龙头企业绩效评价指标体系时应该遵循把握评价对象特点、明确绩效评价目的和兼顾社会效益、经济效益、生态效益统一的三大原则。所以农业龙头企业绩效评价遵循企业绩效评价的一般原则，但是农业龙头企业的最大特性是“农”，因此其绩效评价体系除了一般企业的绩效评价指标，还应包括“三农贡献”等指标。所以大多数学者是从企业绩效评价的共性指标与农业产业化龙头企业的特色评价指标来评价企业的绩效。杨克斯认为，农业龙头企业绩效是用来评价龙头企业在生存、发展与服务社会过程中的经营效果、资源利用和配置的水平；并从企业潜力绩效指标（企业人力、物力、创新能力）、财务绩效指标（盈利能力、运营能力、偿债能力）、社会绩效指标（社会贡献、三农贡献、商业道德）评价农业龙头企业绩效。汤新华认为，农业产业化企业绩效评价应该从企业的利益相关者角度出发，选取了财务绩效指标（盈利能力、资产管理能力、偿债能力、发展能力）与非财务绩效指标（利益联结能力、社会贡献能力、营销能力、科技创新能力、社会责任表现）评价企业绩效。

（二）绿色食品农业龙头企业绩效评价指标体系

在构建绿色食品农业龙头企业绩效评价体系时，应该在借鉴农业龙头企业绩效评价指标体系的前提下，按照实际情况设计绿色食品农业龙头企业绩效评价指

标体系。所以本书在构建绿色食品农业龙头企业的绩效评价指标体系时，以利益相关者理论为基础，构建其绩效评价指标体系。

绿色食品农业龙头企业利益相关者主要包括企业自身、农户、社会三个主体。且绿色食品生产既有农业生产特征，又具有一定特殊性，即带来一定的生态效应，因此，在构建该绩效指标体系时应涵盖这些因素。所以本书认为企业绩效体现在企业的经营效益（营运水平、发展潜力、营运状况）和经营者业绩（管理者所做的贡献及取得的成果）两个层面，即竞争绩效、潜力绩效和社会绩效指标。考虑到农业龙头企业具有带动农户致富的特点，设置一项带动农户绩效指标。

（1）绿色食品农业龙头企业竞争绩效指标。竞争绩效指标主要包含企业的财务绩效和市场绩效两方面，所以衡量企业的竞争绩效时主要从企业的财务增长和市场发展情况两方面考虑。在组织绩效评价的研究上，财务指标一直深受学者们的重视。在财务绩效的指标研究上，学者们主要从基于会计的财务指标和基于市场的指标两方面进行研究。Robinson（1998）用销售增长率、销售收入、净利润、息税前收益、销售利润率、资产收益率等八个指标来测量企业的绩效。张炜等（2007）在参考 Ensley & Banks 提出竞争绩效和潜力绩效维度的基础上，增加了近三年的销售利润率、资产负债率、净资产收益率和销售平均增长率等指标评价企业绩效。在前人关于财务绩效指标和市场绩效指标研究的基础上，最终选取净利润、资产负债率、资本累计率和主营业务收入具体指标。

（2）绿色食品农业龙头企业潜力绩效指标。绿色食品农业龙头企业潜力绩效指标是为了评价企业所具有的潜在绩效水平而设置的。以前学者关于潜力绩效的研究主要从人力、物力、创新三个方面进行研究。王茜（2009）认为，企业潜力绩效可以从员工的知识水平和业务素质、高层领导的综合素质状况、总资产、人均固定资产、创新投入能力、创新产出能力六个指标进行衡量。季灵玲（2012）认为，企业的绩效可以用企业的竞争绩效和潜力绩效进行评价，潜力绩效指标可以从内部研发能力、技术创新水平、学习能力、国际化水平和整体竞争能力等方面进行研究。考虑到绿色食品产业具有生态效应，而且绿色食品企业发展受政策扶持的影响较大，设置绿色食品开发数量、绿色食品原料基地建设和政策扶持指标并纳入企业潜力绩效。所以最终采用资产总额、原料基地建设投入额、基地原材料比例、培训农民经费、新增绿色食品个数、银行贷款总额、财政支持总额和税收减免额等指标。

(3) 绿色食品农业龙头企业带动农户绩效指标。结合利益相关者理论，农户和企业之间是利益关系紧密相连的两大主体。农户的发展状况会制约企业的发展，而企业的发展也会给农户造成影响，所以评价企业绩效必须评价企业带动农户绩效。国内学者从不同角度对农业龙头企业与农户之间的关系进行了大量的研究，认为农户绩效会对企业绩效产生影响。所以本书认为带动农户绩效评价是用来评价企业在带动农户方面的能力和效果。最后选取的具体衡量指标有带动农户数量、支付农民报酬额、带动成立的农民专业合作社个数、与农户签订合同数、二次返还给农户总额等指标。

(4) 绿色食品农业龙头企业社会绩效指标。社会绩效评价是用来评价企业履行社会责任的能力和效果。龙头企业不仅要承担对所有利益相关者的责任，而且要承担法律规定的义务和政府强制的政策义务。最后选取的具体衡量指标有上缴税金额、支付职工薪酬和三品认证资格（无公害、绿色、有机）个数等指标。

三、研究方法选择与数据

（一）研究方法

目前国内外关于企业绩效的评价方法主要包括平衡计分卡、模糊综合评价法、层次分析法、因子分析法、DEA 方法等。企业绩效评价方法较多，且各具优缺点，所以选择合适的研究方法比较重要。在综合分析各大评价方法优缺点的基础上，本部分采用因子分析法进行分析研究。因子分析法能够较好地避免人为的主观性影响，并且能够根据样本的信息量确定指标的重要程度，客观反映样本间的现实关系，从而提高样本的效率。可见因子分析法可以很客观真实地反映企业绩效。

因子分析法的基本思想是根据变量相关性大小进行分组，分组后同组内变量间的相关性比较高，不同组变量间的相关性比较低。因子分析法的目的是降维，指把原来多个变量综合为少数几个综合指标，再根据各个因子的权重得到评价对象的得分。

（二）研究样本选取及数据获取

(1) 研究样本选取。2013 年江西省共有绿色食品企业 182 家，省级以上绿色食品农业龙头企业94家。鉴于数据的全面性与稳定性，本书以连续三年被评为江西省省级（含省级）以上绿色食品农业龙头企业为研究对象，利用2009~2013年调研获取的数据进行实证分析。而没有连续三年被评为市级绿色食品农业龙头企业的企业不在本书的分析范围内。本书采取随机抽样的方法，从94家企业中随机抽取35家企业进行研究。

因此，本书选取的研究对象为2009~2013年，35家连续三年被评为江西省省级（含省级）以上绿色食品农业龙头企业进行实证研究。

（2）原始数据获取。本书涉及的所有原始数据都是在江西省农业厅以及课题组的帮助下，通过发放问卷和访谈的形式，对35家绿色食品农业龙头企业进行实地调研获取的。

四、农业龙头企业绩效因子分析及评价

（一）因子分析的适用性检验

变量 X_1、X_2……X_k 存在相关性是因子分析的前提，即变量之间有较高的相关性才可以进行因子分析。检验变量之间的相关性方法主要有两种：

（1）KMO 检验。分析的是变量之间的简单相关系数与偏相关系数，KMO 的值超过0.7说明适合进行因子分析。

（2）巴特利特球体检验。从原始变量的相关系数矩阵出发，假设相关系数矩阵是单位矩阵，用该统计量对应的概率P值是否小于显著水平 α 来判断是否适合因子分析。表5-1是KMO检验与巴特利特球体检验的结果。

表5-1　KMO检验与巴特利特球体检验

KMO 检验		0.807
巴特利特球体检验	Approx. Chi-Square	2810.341
	df	190
	Sig.	0.000

从表5-1结果可知，KMO值为0.807，表明样本数据是适合做因子分析的。另外，表中巴特利特球体检验统计值显著性概率是0.000，小于5%，说明变量之间相关，可以做因子分析。

（二）总方差分解

经过对评价指标数据无量纲化处理后进行主成分分析，通过计算标准指标数据的相关矩阵 R、特征值、特征向量，确定综合解释因子。本书采用 SPSS 16.0 统计软件对该过程进行分析，由因子分析后的相关系数矩阵和各个相关系数检验的显著性水平可知，变量之间存在较强的相关关系，因此有必要进行主成分分析法提取因子。

表 5-2 特征值及贡献率

成分	初始特征值			提取的平方载荷			旋转的平方载荷		
	总方差	方差百分比（%）	累积百分比（%）	总方差	方差百分比（%）	累积百分比（%）	总方差	方差百分比（%）	累积百分比（%）
1	7.41	37.06	37.06	7.4	37.06	37.06	7.24	36.22	36.22
2	2.01	10.06	47.12	2.0	10.06	47.12	1.79	8.94	45.16
3	1.53	7.67	54.79	1.53	7.67	54.79	1.59	7.93	53.09
4	1.34	6.69	61.49	1.34	6.69	61.49	1.37	6.87	59.97
5	1.09	5.43	66.92	1.09	5.43	66.92	1.36	6.82	66.79
6	1.01	5.07	71.99	1.01	5.07	71.99	1.04	5.20	71.99
7	0.97	4.84	76.83						
8	0.91	4.56	81.39						
9	0.81	4.03	85.42						
10	0.74	3.68	89.10						
11	0.56	2.81	91.91						
12	0.43	2.13	94.04						
13	0.36	1.78	95.82						
14	0.29	1.47	97.29						
15	0.21	1.04	98.33						
16	0.14	0.70	99.03						
17	0.08	0.40	99.43						
18	0.06	0.29	99.72						
19	0.03	0.16	99.88						
20	0.02	0.12	100.00						

主成分的数量可依据表 5-2 中的累积方差贡献率来定。由表 5-2 知，有 6 个因子旋转后特征值大于 1，它们的方差贡献率分别为 36.22%、8.94%、7.93%、6.87%、6.82%、5.20%，累积方差贡献率达到 71.99%，符合特征值大于 1 的规则，所以最终选取 6 个主成分因子对 35 家绿色食品农业龙头企业绝对绩效进行评价比较合理。

（三）转轴后的因素矩阵

表 5-3　因子载荷矩阵

	1	2	3	4	5	6
净利润	0.9359	−0.0223	−0.0167	0.0679	0.0855	0.0374
主营业务收入	0.9617	−0.0045	−0.0478	0.0274	0.0763	0.0083
资产总额	0.8853	0.0015	−0.1320	−0.0381	0.1022	−0.1033
原料基地建设投入额	0.9284	−0.0331	−0.0334	0.0849	−0.0745	−0.0093
成立农民专业合作社	0.7563	0.1799	0.0363	−0.1360	0.2647	−0.1005
支付农民报酬	0.5819	0.1119	0.4220	0.2171	−0.1618	0.0566
支付职工工资	0.9417	0.0119	0.0442	0.0373	0.0433	−0.0292
上缴税金额	0.7098	−0.1138	−0.1899	0.2353	0.1442	0.1372
培训基地农民经费	0.7495	−0.0460	0.1873	0.4015	−0.0831	−0.0443
银行贷款总额	0.3540	0.5139	−0.3152	0.1824	0.1171	−0.3247
财政支持	−0.0301	0.8185	−0.0075	−0.0195	0.2209	0.1388
税收减免额	−0.0383	0.8746	0.2897	0.0344	−0.1318	0.0152
基地原材料比率	−0.0167	−0.1305	0.5828	0.2909	0.2280	−0.0277
与农户签订合同数	0.0387	0.0152	0.8746	−0.1079	−0.0799	−0.0124
资本积累率	0.0389	0.1045	0.0584	0.6019	−0.1769	−0.1325
资产负债率	0.1450	−0.0840	−0.0690	0.8142	0.0184	0.0859
带动农户数量	0.0440	−0.0476	0.0102	−0.0640	0.6253	−0.1944
二次返利给农户总额	0.0881	0.1648	0.0171	−0.0696	0.7925	0.1678
三品认证资格个数	−0.0948	−0.0499	0.3080	−0.0220	−0.1366	0.5523
新增绿色食品个数	0.1215	0.1102	−0.0248	−0.0317	−0.0418	0.6796

从表 5-3 可知，第一主成分基本能够反映净利润、主营业务收入、资产总额、原料基地建设投入额、带动成立农民专业合作社个数、农民获得的报酬、支付职工工资、上缴税金额、培训基地农民经费等指标信息，命名为企业的经营能力。第二主成分基本能够反映银行贷款总额、税收减免、财政支持等指标信息，命名为政策扶持能力。第三主成分基本能够反映基地原材料比率、与农户签订合同数等指标信息，命名为农户供给能力。第四主成分基本能够反映资本累计率、资产负债率指标信息，命名为企业的潜在发展能力。第五主成分基本能够反映带动农户数量、年末二次返还给农户的总额指标信息，命名为企业带动农户能力。第六主成分基本能够反映新增绿色食品个数、三品认证资格个数指标信息，命名

为企业的绿色食品开发能力。所以提取的六个主成分因子基本可以反映所有指标的信息，最终决定用六个新变量代替原来的 20 个变量。

（四）因子得分系数矩阵

根据分析结果，得到绿色食品农业龙头企业的绝对绩效评价函数以及 35 家企业绩效排名情况，如式（5–3）所示：

$$F = 0.503F_1 + 0.124F_2 + 0.110F_3 + 0.095F_4 + 0.094F_5 + 0.072F_6 \quad 式（5–3）$$

表 5–4　35 家企业的绝对绩效排名情况

企业	F_1	F_2	F_3	F_4	F_5	F_6	F
正邦集团有限公司	8.622	–0.427	–0.516	–0.146	–0.713	0.433	4.178
万年贡米集团有限公司	0.698	2.494	0.377	–0.564	5.532	1.829	1.305
铁骑力士牧业科技有限公司	0.935	0.547	5.589	–0.672	–1.665	–0.027	0.930
江西万载千年食品有限公司	–0.207	6.034	0.243	0.319	–0.176	0.832	0.746
江西省粮油集团有限公司	1.870	0.572	–1.376	–1.435	0.891	–1.481	0.701
江西德宇集团	0.672	0.318	0.861	0.050	–0.436	–0.452	0.403
德兴市百勤异 VC 钠有限公司	0.490	–0.549	–0.306	–0.003	0.897	0.910	0.295
阳光乳业集团有限公司	0.484	0.110	–0.711	1.018	0.355	–0.304	0.288
浮瑶仙芝茶叶有限公司	–0.174	2.000	–0.002	0.376	0.046	0.249	0.219
江西国鸿集团有限公司	0.659	0.093	–0.466	–0.236	–0.367	–0.423	0.204
兴国县绿宝米业有限公司	–0.203	1.225	0.596	0.034	–0.006	0.669	0.167
江西龙牙百合有限责任公司	–0.183	–0.575	–0.568	3.701	0.068	0.424	0.164
贵溪市龙虎山食品有限公司	0.069	0.410	1.697	–0.707	–0.337	–0.230	0.157
横峰葛佬葛产业开发有限公司	–0.190	0.249	–0.838	3.296	–0.071	0.073	0.156
江西康达竹制品集团有限公司	–0.102	–0.159	–0.041	–0.018	1.191	0.706	0.087
乐平市蔬菜集团公司	0.160	–0.543	0.487	0.348	–0.467	0.396	0.084
赣森绿色食品有限公司	–0.372	2.320	–0.707	0.739	0.095	–0.338	0.078
大忙人实业有限公司	–0.018	0.571	0.247	–0.147	–0.349	–0.648	–0.005
五丰食品有限公司	–0.127	0.780	–0.393	–0.095	–0.124	0.001	–0.031
丰城市子龙冻米糖厂	0.047	–0.121	0.075	0.348	–0.744	–0.213	–0.036
江西猕猴桃酒业股份有限公司	0.104	–1.056	–1.141	0.710	0.223	0.694	–0.065
鹰潭市上清荣胜米业有限公司	–0.419	1.778	–0.351	–0.323	–0.200	–0.036	–0.081
瑶里茶叶有限公司	–0.254	0.778	–0.094	–0.037	–0.370	–0.396	–0.109
万载县青叶食品有限公司	–0.210	0.237	–0.209	0.102	–0.262	–0.192	–0.128
江西春源绿色食品有限公司	–0.225	0.213	–0.527	–0.378	0.444	0.062	–0.134
江西仰山园油茶开发有限公司	–0.380	0.154	1.236	–0.426	–0.467	–0.225	–0.137
宏友农工贸综合开发有限公司	–0.340	0.814	–0.074	–0.587	–0.804	0.068	–0.205
江西乐康中药饮片有限公司	–0.258	–0.837	0.647	–0.865	0.140	0.307	–0.210

续表

企业	F_1	F_2	F_3	F_4	F_5	F_6	F
江西珊娜果业有限公司	−0.202	−0.864	0.055	−0.346	−0.130	0.342	−0.224
安远县安圣达果业有限公司	−0.183	−0.436	−0.298	−0.527	−0.255	0.217	−0.238
江西省友和食品有限责任公司	−0.339	0.051	−0.509	−0.341	−0.350	−0.252	−0.304
江西省贵竹发展有限公司	−0.174	−0.279	−0.806	−0.851	−0.146	−0.195	−0.320
天之然实业有限责任公司	−0.395	−0.214	−0.308	−0.232	−0.197	−0.339	−0.325
江西省好口福油脂有限公司	−0.323	−0.254	−0.575	−0.416	−0.105	−0.363	−0.333
西湖珍芝天然食品有限公司	−0.380	0.011	−0.634	−0.326	−0.285	−0.428	−0.349

由表5–4可知，正邦集团、万年贡米集团、万载千年食品有限公司、德宇集团、阳光乳业集团等企业的绩效较高，可见这些企业在最近几年发展较好。其他企业应该向这些企业学习。

五、结果分析

（1）提高企业绩效，须综合考虑企业的各项指标。从企业绩效排名可以看出：有些企业的单个因子得分很高，而综合得分却很低，所以企业单独提升一个因子，并不能提高企业的效率。且由于 F_1 因子对企业绩效的贡献率最大，企业应该着重提高企业的净利润、主营业务收入、资产总额，并且增加原料基地建设投入额和培训基地农民经费。

（2）通过扩大规模，促进企业绩效提升。影响绿色食品农业龙头企业绩效的因素主要体现在企业自身的规模：企业规模越大，企业绩效越好。因为主营业务收入、资产总额、原材料基地建设投入和支付职工薪酬在 F_1 公因子里贡献率都较大，所以企业要想发展得更好，就必须先扩大自身的规模，获得量的增大与突破，然后才会有质的提高。

（3）企业资本的累计和新产品的开发对企业的绩效是起长期影响的，在短期内不能产生很大作用。虽然资本累计率、新增绿色食品个数对企业绩效的贡献率较大，但相对于 F_1 公因子里面的指标来讲，却相对较低，可见虽然企业的资本积累和新产品的开发对于企业的绩效有影响，可是对于绩效造成的影响在短期内却无法很好地体现出来，需要经过一定时间的积累，才能够对企业绩效形成强大的影响作用。

（4）扶持政策对绿色食品企业绩效影响显著。企业扶持政策主要包括银行贷款、税收减免及财政支持，可见减少企业纳税额度等扶持政策可以促进企业的经营发展。

第二节 绿色食品农业龙头企业相对绩效实证分析

一、研究样本及研究方法选取

（一）研究样本

在绝对绩效分析的基础上，继续选取 35 家企业 2009~2013 年的面板数据进行实证分析。

（二）研究方法

因子分析法评价的是企业绝对绩效，由于企业样本差异大、可比性差，导致误差也大。而且绝对绩效只关注产出指标，不能反映投入与产出关系，现在越来越多学者采用相对绩效指标进行研究。所以为了更客观和全面地评价企业绩效，在运用因子分析法测量绿色食品农业龙头企业成长绩效的基础上，利用 DEA 方法测度我国绿色食品农业龙头企业的生产效率，从相对绩效对企业绩效进行分析。

DEA 分析方法是一种常用的统计分析法，采用的是数学规划方法，通过综合分析输入与输出的数据，得到每个决策单元综合效率的数量指标与有效的生产前沿面，依据各个决策单元与有效生产前沿面的距离确定其 DEA 的有效性，从而确定有效的决策单元，并对非有效的决策单元指出无效原因和改进方向。DEA 方法适合分析多投入多产出问题，不仅能够判断对应的单元是否有效，评价研究对象的有效性，而且能够提供有用的管理信息。

二、企业生产效率分析

（一）效率测度指标的选取

李道合等运用 DEA 方法分析中国产业的全要素生产效率，选取的输入变量指标有物质费用、用工数量、期间费用，输出变量有产品产值、副产品产值。梁志森在分析我国商业银行效率时选取了职工人数、固定资产净值、银行存款作为投入变量，资本收益率、净利润等作为产出变量。王铁、杨林娟等用 DEA 分析法对甘肃省农业产业化国家重点龙头企业效率进行评价，投入指标有主营业务成本、总资产与技术人员投入，产出指标有净利润和主营业务收入。

在借鉴其他学者指标选取的基础上，结合实地调研获得的数据。在指标选取方面，本书最终选取了企业员工数、固定资产以及基地面积作为投入变量，选取主营业务收入、净利润和上缴税金作为产出变量，构建了一个“三投入、三产出”的 DEA 模型。在投入变量的选取方面，本书综合考虑人力投入、资金投入以及实物投入三方面的情况；产出指标也是根据实际情况确定的，下面将进行阐释说明。

（1）人力投入。在调查过程中发现，在一定程度上，企业员工数可以反映企业在人力成本方面的投入，且该数据可以在调研过程中获得，所以选取“企业员工数”作为人力投入的代表变量。

（2）资金投入。固定资产是一个相当重要的财务指标，它是企业经济效益最稳定的物质基础，能够在一定程度上反映一个企业的经济规模和企业资源的优化配置情况，但固定资产数据不好统计。所以在考虑资金投入方面时，决定采用“总资产”作为衡量指标。

（3）实物投入。由于收集研究对象企业在样本期间的原材料消耗及相关成本十分困难，因此选择“银行贷款总额”、“原料基地建设额”作为代表变量。

（4）主营业务收入。“主营业务收入”是一个较为综合的变量，可以用来衡量企业的经营状况，因此是一个不错的产出指标。

（5）净利润。净利润能够体现企业生产经营的综合管理能力，可以直接反映一个上市公司的总体盈利状况，所以选取“净利润”作为产出指标。

（6）上缴税金。上缴税金反映的是企业在一定时期内向国家与社会履行所承担的义务。可以用来作为考核企业产出绩效指标之一。

（二）数据测算与结果分析

通过 DEA P2.1 软件计算，35 家样本企业的生产效率（TE）均值以及纯技术效率（PTE）、规模效率（SE）的输出结果如表 5-5 所示。

表 5-5 35 家样本企业各项效率指标的平均值

企业顺序	生产效率	纯技术效率	规模效率	规模阶段
1	1.000	1.000	1.000	drs
2	1.000	1.000	1.000	—
3	0.944	1.000	0.944	—
4	0.341	0.534	0.638	drs
5	0.386	0.777	0.497	irs
6	0.617	1.000	0.617	irs
7	0.447	0.622	0.718	irs
8	0.101	1.000	0.101	irs
9	1.000	1.000	1.000	—
10	0.562	0.786	0.715	irs
11	0.653	0.966	0.676	irs
12	1.000	1.000	1.000	—
13	0.134	0.331	0.405	irs
14	0.245	0.788	0.311	irs
15	0.584	0.758	0.771	irs
16	0.398	0.801	0.497	irs
17	0.239	0.284	0.840	irs
18	0.560	0.759	0.738	irs
19	0.231	0.298	0.774	irs
20	0.297	0.842	0.353	irs
21	0.793	0.916	0.866	drs
22	0.535	0.978	0.547	drs
23	0.499	0.873	0.572	irs
24	0.934	0.934	1.000	—
25	0.494	0.725	0.681	irs
26	0.612	0.913	0.670	irs
27	0.134	0.331	0.405	irs
28	0.245	0.788	0.311	irs
29	0.584	0.758	0.771	irs
30	0.398	0.801	0.497	irs
31	0.239	0.284	0.840	irs

续表

企业顺序	生产效率	纯技术效率	规模效率	规模阶段
32	0.560	0.759	0.738	drs
33	0.231	0.298	0.774	irs
34	0.297	0.842	0.353	—
35	0.341	0.534	0.638	irs
均值	0.504	0.751	0.665	

注：(1) 生产效率 (TE) =纯技术效率 (PTE) ×规模效率 (SE)；
(2) drs、irs、—分别表示企业处于规模报酬递减、规模报酬递增、规模报酬不变阶段。

从表 5-5 看到，35 家绿色食品农业龙头企业中，5 家企业的生产效率 (TE) 为 1，达到 DEA 有效。30 家绿色食品企业的生产效率低于前沿效率，65.7%的企业处于规模效率递增阶段。其中，28 家企业的纯技术效率为 DEA 无效，而企业规模效率 (SE) 情况更差，在样本企业中，只有 5 家企业的规模效率 (SE) 为 DEA 有效。上述结论证实了，江西省绿色食品农业龙头企业绩效普遍偏低。

(三) 生产效率影响路径分析

(1) 规模效率与纯技术效率正态分布检验。由于规模因子和管理因子是综合性变量。企业规模效率和纯技术效率反映了这两个变量的基本效应，且为操作变量。我们先对企业规模效率与企业纯技术效率样本进行正态分布检验，得到表 5-6。

表 5-6 企业规模效率与企业纯技术效率正态分布检验参数

	企业规模效率 SE	企业纯技术效率 PTE
均值	0.737961	0.778384
中位数	0.672111	0.65356
标准差	0.239866	0.248426
偏度	0.102316	0.089238
峰度	2.84932	3.123693

从表 5-6 可知，企业规模效率和企业纯技术效率的中位数分别为 0.672111 和 0.65356，略低于其均值，两者偏度分别为 0.102316 和 0.089238，比较接近 0，两者峰度分别为 2.84932 和 3.123693，接近 3。从上述分析可知，企业规模效率与企业纯技术效率基本符合正态分布。

(2) 规模效率、纯技术效率和生产效率相关性分析。将上述三个变量样本输入 SPSS 软件，三者相关性情况如表 5-7 所示。

表 5-7 企业规模效率、企业纯技术效率和企业生产效率相关性

	生产效率	纯技术效率	规模效率
生产效率	1	0.797	0.785
纯技术效率	0.797	1	0.227
规模效率	0.785	0.227	1

注：生产效率（TE）=纯技术效率（PTE）×规模效率（SE）。

从表 5-7 可以看到，企业规模效率与企业生产效率的相关系数为 0.785，在 0.01 水平上显著相关。企业纯技术效率与企业生产效率的相关系数为 0.797，在 0.01 水平上显著相关。而企业规模效率与企业纯技术效率的相关系数非常小，为 0.227，两者在 0.01 水平上不相关。由于企业规模效率与企业纯技术效率基本服从正态分布。因此，基本可以判断企业规模效率与企业纯技术效率相互独立。

（3）生产效率影响作用机制。根据上述研究结果，可以推出：规模效率因子与纯技术效率因子相互独立，且两者与农业龙头企业生产效率密切相关。这排除了企业规模效率与纯技术效率因子交互作用的可能性。进一步推断，企业规模因子和企业管理因子共同作用于企业绩效，而且规模效率的影响略大于纯技术效率。因此，可以推断出两者的作用机制如图 5-1 所示。

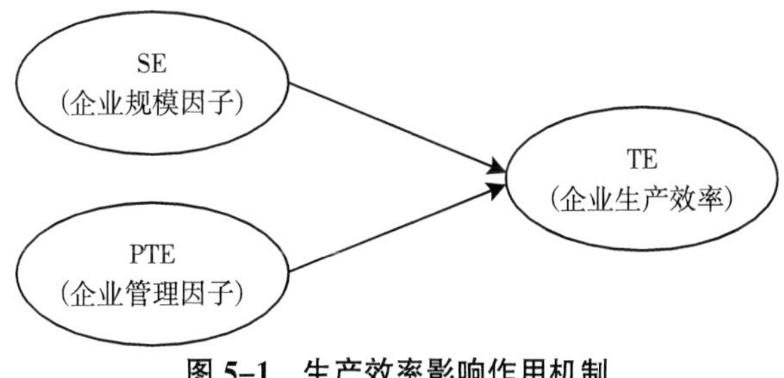

图 5-1 生产效率影响作用机制

三、提升企业绩效的对策

（一）企业视角下

（1）加大企业绿色食品开发力度。主营业务收入、资产总额、原材料基地建设投入和支付职工薪酬等因素对绿色食品企业绩效的影响显著。所以企业必须先扩大自身规模，获得量的增大与突破，然后才会有质的提高。目前大多数绿色食品企业由于扶持政策的诱惑作用而选择开发绿色食品，但多数企业选择的途径是绿色漂白机制，导致绿色食品产业整体开发力度不强，产品种类较少。因此，绿色食品农业龙头企业在扩大自身规模的同时，应该加强开发力度，并且进行持续开发。

（2）选择“企业+合作社+农户”合作模式。企业带动成立农民专业合作社个数对企业绩效影响显著，可见“企业+合作社+农户”的合作模式更合适，政府应该鼓励企业与农户之间建立合作社，而不是选择“公司+农户”的合作模式。通过合作社可以更好地规范企业与农户之间的行为，减少风险，建立长期契约关系，减少交易成本。

（3）加强企业的创新力度。目前大多数产品是中初级产品，而较少进行深加工的生产企业并不能获得合理的市场回报，致使发展受限制。所以企业应该加大创新力度，加大人才投资，建设优秀的人才队伍，培育大批创新人才，研发生产出更多适销对路的产品，提高企业的生产效率，提升自身核心竞争力。

（二）社会组织视角下

（1）创新企业金融服务体系。由于资产总额等资金投入变量对企业绩效的影响显著，所以应该加大政府对绿色食品农业龙头企业的资金支持，将绿色产业作为重点支持产业显得至关重要。但是仅依靠政府的资金扶持，企业的发展是相当受限的，所以应该创新企业金融服务体系，丰富企业的资金来源。如政府可以联合社会多部门，创新绿色食品企业的金融服务体系，通过建设企业征信体系，对绿色食品企业的信用进行跟踪查询并确定企业的评价等级，从而确定优先扶持对象，使扶持资金达到最优配置，杜绝企业因为资金短缺而放弃绿色食品开发，建立依靠绿色规模扩张促进企业发展的路径。

（2）构建企业网络信息服务体系。我国绿色食品消费还处于起步阶段，很多消费者对绿色食品的概念模糊或者不理解，以至于对绿色食品的销路产生影响，从而影响企业的绿色食品开发行为。所以为了解决产品适销对路问题，促使绿色食品企业加大对绿色食品的开发力度，政府应该借助现代信息技术，构建绿色食品加工与销售等市场化的社会服务体系，为中小企业提供采购咨询、品牌服务与营销策划等全程一站式服务。也可以借助企业官网等信息平台加强对绿色食品的宣传，培养消费者绿色消费的观念，从而促进绿色食品农业龙头企业的绿色食品开发行为。

（三）扶持政策视角下

（1）增加企业扩张、兼并重组的政策支持。绿色食品产业扶持政策的本质是资金扶持，是指在一般农业产业化扶持政策的基础上提供更优先的支持，而针对制约绿色食品企业扩张和兼并重组的政策设计非常少。当前绿色扶持政策促使企业不断申报绿色食品标志，特别是对中小企业产生的影响更大，因此，绿色食品企业数量迅速增加，产业集中度下降，导致企业生产效率不足。虽然国家级和省级龙头企业也积极申报绿色食品标志，但其规模扩张有限，基本上实施“局部化”战略。

因此，政府要建立绿色食品行业的进入壁垒。具体来说，可以提高绿色食品农业龙头企业的资本、基地面积认可标准，使小规模企业无法轻易进入绿色食品农业行列。如果企业因为经营不善而面临被兼并或者破产，政府可以建立相关退出机制，鼓励企业之间的重组或者兼并行为。具体来说，政府可以对绿色食品企业的下岗员工进行新技能培训，对其资产进行免费托管、售卖，提供兼并企业信息，为交易双方搭建平台和提供信用担保。

（2）提升企业内部管理效率的政策支持。我国绿色食品农业龙头企业研发能力比较弱、内部管理不规范。当前我国绿色食品产业扶持政策中，虽然有科技、项目支持经费，但这些经费难以达到提升企业内部管理效率的目的。要提高企业内部管理效率，应从信息化平台建设、企业员工培训和企业环境管理系统方面进行政策支持。为此，政府管理部门要建立一套企业生产效率评价和考核机制，根据绿色食品农业龙头企业内部管理效率水平，进行政策扶持。要将政策资源配置给那些纯技术效率较高的企业。具体措施上，政府可以考虑将企业内部组织结构、企业领导者能力、企业员工素质、企业营销能力纳入企业内部管理考核体系。改变政策扶持方式，大力清理整顿低效、无效的政策支持，提高政策资源利用率。通过政策扶持，促进企业管理体系和管理能力提升。通过政策扶持，不断挖掘企业潜力，努力改善企业经营管理手段，提高企业经营水平，从而达到提升绿色食品农业龙头企业生产效率的目的。

（3）加强对企业技术进步的政策支持。政策支持还要促进企业技术进步和技术创新，促进绿色食品农业龙头企业积极引进国外先进的技术设备、加强自身的研发能力。具体来说，可以设立绿色食品产业技术发展基金，包括对企业引进和培养高新技术人才进行激励，对企业核心技术的研发提供支持，对企业创建学习型组织进行支持。

此外，要创新土地流转激励政策，专门制定绿色食品生产基地建设土地流转支持政策，从而克服绿色食品生产基地建设过程中存在的地方保护主义行为，促进企业扩大规模，提高企业的生产效率。

第六章　农业龙头企业绿色食品开发意愿的影响因素

本章从微观视角出发，以农业龙头企业为研究对象，利用二元 Logistic，对扶持政策与农业龙头企业绿色食品开发意愿的关系进行实证分析。结果表明：科技支持政策、绿色品牌补贴政策、税收减免政策对促进农业龙头企业绿色食品开发意愿具有非常明显的效果；但培训支持政策、营销支持政策、项目支持政策对促进农业龙头企业绿色食品开发意愿的效果不明显；贴息贷款和生产基地补贴政策虽没有直接促进农业龙头企业进行绿色食品开发，但起到间接作用。此外，绿色食品利润率、绿色食品行业规制、消费者对绿色食品的信任态度也是影响企业开发意愿的重要因素。

第一节　研究背景与文献评述

一、研究背景

随着中国资源和环境压力的日益增大以及人们对食物质量要求的提升，推进绿色食品产业发展越来越成为当前社会的热点。1996~2012 年，我国认证绿色产品标志的企业数量以每年 20.6%的速度增长，绿色食品品牌标志以每年 25.3%的速度增长。

为什么我国绿色食品产业发展如此之快？产业结构学派认为，社会需求结构变化导致农业龙头企业将各种投入要素转化为绿色食品。也有学者提出，政府在推动绿色食品产业过程中发挥重要的作用。事实上，我国各级政府部门制订许多支持政策，一直鼓励发展绿色食品产业。早在2000年，农业部、原国家发展计划委员会等八部委提出了《关于扶持农业产业化经营重点龙头企业的意见》（以下简称《意见》）。《意见》提出，将绿色食品企业优先纳入农业产业化重点龙头企业，并从基地建设、技术改造项目贷款、中央财政、税收减免、出口融资贴息、发行股票等方面进行支持。之后，各地方政府也推出绿色食品产业发展政策。当前中国扶持绿色食品产业发展政策，呈现多层次、多部门、多方式的特点。

但这些支持政策是否真正促进了绿色产业发展，其政策效果和作用机制如何，需要学界做出哪些实证检验，本书将从微观视角出发，以农业龙头企业为研究对象，计量分析各影响因素对农业龙头企业绿色食品开发意愿的影响效应，并着重研究扶持政策的作用效果，从而为进一步优化绿色食品扶持政策提供重要的政策依据。

二、文献评述

国内外关于绿色食品产业的相关研究以宏观性、描述性研究为主，缺乏对生产主体行为的定量分析，对农业龙头企业绿色食品开发意愿或行为方面的研究文献不多，但对安全农产品的研究成果较多。从研究内容来看，主要集中于两个方面：其一，安全农产品生产者的反应研究。许多学者从生产成本、市场风险、产业组织和行业协会等多个角度展开对安全农产品生产者的反应分析。如Hueth（1999）的研究表明：安全农产品生产者在签订了产销合同的基础上，仍难以有效避免价格风险。其二，安全农产品供给动机和影响因素。Shavell（1987）认为，企业对安全产品的供给动机会受到其规模、组织及其市场结构的影响。

Caswell（1998）认为，食品质量安全标准和售后承担食品质量安全责任、企业声誉等对企业安全生产行为产生重要影响。Bredah（1998）认为，市场驱动、公开的食品安全规则是生产者安全生产的主要影响因素。Annandale（2000）的研究认为，企业对安全产品的供给动机受企业管理、战略的影响。Azorin J.，Cortes E.，Gamero M. & Tari J.（2009）的研究结果表明，政府扶持政策对绿色食品企业安全生产绩效产生正面影响。

我国学者对生产者行为研究主要以农户为研究对象。在对农户行为的研究中，学者较集中在关于“农户安全生产意愿（行为）影响因素”的实证分析，较多使用多元线性回归或二元模型展开分析。基本结论是：农户特征、农户规模、农户认知、农户风险偏好类型、预期收益、安全技术的采用成本、生产的组织方式、政府规制对农户安全生产意愿和生产行为产生影响。周应恒、卓佳、谢美婧（2010）研究了合同模式对农户安全生产农产品的影响。也有少数学者以农业龙头企业为研究对象进行研究。

总体来说，农业企业安全生产受企业内部因素、市场因素、政策因素、环境因素等影响。这些研究成果对于探索农业龙头企业绿色食品开发意愿的影响因素有着重要借鉴意义。

第二节　研究思路、样本来源与变量设定

一、研究思路

本书认为，农业龙头企业绿色食品开发行为是一种企业决策行为。根据企业决策理论，企业产品战略的制定受外部环境与内部资源的共同影响。而扶持政策、环境因素、市场因素属于外部因素。企业家特征、企业特征因素属于内部因素。而扶持政策不仅是直接作用于企业行为或意愿的外部因素，该因素还可能与其他因素产生交互作用间接作用于企业行为。为此，我们设计如下研究模型：

农业龙头企业参与绿色食品开发的意愿（行为）=F（政策支持、企业因素、规制因素、市场因素……政策支持×企业因素、政策支持×市场因素、政策支持×规制因素……）+随机干扰项。

根据相关研究文献及实际经验，我们把政府扶持政策分为八类，如表 6-1 所示。

表 6-1　绿色食品产业政策扶持分类

序号	扶持政策类型	具体政策
1	科技支持	农业部和地方各级政府产业化专项用于基地农民的技术培训、良种推广、新品质引进和病疫防治等支持资金
2	绿色品牌补贴	地方各级政府对农业龙头企业认证的绿色产品补助资金
3	生态基地建设补贴	地方各级政府对农业龙头企业生态基地建设的补助资金
4	项目支持	农业部和各级政府产业化专项用于农业龙头企业农产品加工项目投入和补助
5	贷款贴息	各级政府对农业龙头企业的资金贷款给予贴息
6	营销扶持	绿色食品发展中心对农业龙头企业绿色品牌营销推广资金
7	培训金额	绿色食品发展中心对农业龙头企业培训金额
8	税收减免	根据中央和地方有关税收政策减免量

本书将采用二元 Logistic 模型对上述研究思路进行实证分析，重点分析扶持政策对农业龙头企业绿色食品开发意愿的影响效果、通过利用扶持政策因素与其他因素的交互效应，探索扶持政策对农业龙头企业绿色食品开发意愿的影响机制。

二、数据来源与样本特征

本书所用数据来自于课题合作单位江西省农业厅农业产业化处与江西省绿色食品发展中心于 2013 年 5 月至 2014 年 4 月对江西省 238 家农业龙头企业进行的抽样调查。调查内容包括扶持政策因素、企业内部因素、规制因素、市场因素等。其中，扶持政策包括科技支持、绿色品牌补贴、生产基地补贴、项目支持、贴息贷款、培训支持、营销支持、税收减免。企业因素包括企业家特征、企业销售收入及产品数量等。市场因素包括产品利润率、竞争程度等；环境因素包括市场监管、消费者信任等。

调查问卷的形成过程为：首先，选取两家农业龙头企业作为调查对象；其次，课题组成员通过讨论，初步确定调查表的各项调查内容；再次，进行预调查，根据预调查的结果及调查过程中遇到的实际问题，对调查表的一些调查内容及提问方式进行了适当调整；最后，再与江西省农业厅农业产业化处讨论后确定最终调查问卷。为了保证调查数据的代表性和科学性，课题组在江西省七个地市中，随机抽取 260 个农业龙头企业样本，共获取 221 份有效问卷，问卷有效率 85%。样本区域分布具体如表 6-2 所示。

表 6–2 样本的区域分布

地区	县的个数	农业龙头企业数量（家）	比率（%）
南昌	4	37	16.7
九江	6	38	17.2
赣州	7	43	19.4
宜春	6	41	18.6
上饶	3	25	11.3
景德镇	3	13	5.8
抚州	4	24	10.9

三、变量设定

根据调研的结果，本书将农业龙头企业绿色食品开发意愿设为被解释变量Y，将扶持政策、企业内部因素、市场因素、环境因素设为解释变量，各变量定义及设置如表 6–3 所示。

表 6–3 农业龙头企业绿色食品开发意愿及其影响因素变量设置

变量	编号	变量定义	变量取值
被解释变量	Y	龙头企业绿色食品开发意愿	是=1，否=0
扶持政策	X_1	各项政策对促进龙头企业进行绿色食品开发意愿是否有影响	有影响 = 1，无影响 = 0
科技支持	X_{11}	对促进企业开发绿色产品的影响	有=1，否=0
绿色品牌补贴	X_{12}	对促进企业开发绿色产品的影响	有=1，否=0
绿色基地补贴	X_{13}	对促进企业开发绿色产品的影响	有=1，否=0
项目支持	X_{14}	对促进企业开发绿色产品的影响	有=1，否=0
贴息贷款	X_{15}	对促进企业开发绿色产品的影响	有=1，否=0
培训支持	X_{16}	对促进企业开发绿色产品的影响	有=1，否=0
营销支持	X_{17}	对促进企业开发绿色产品的影响	有=1，否=0
税收减免	X_{18}	对促进企业开发绿色产品的影响	有=1，否=0
企业因素	X_2	企业规模、企业产品、企业家	
企业销售收入	X_{21}	年均农产品销售收入	大于 5000 万元=3，1000 万~5000 万元=2，100 万~1000 万元=1，小于 100 万元=0
企业产品	X_{22}	企业农业产品数量	大于 10 个=2，2~10 个=1，小于 2 个=0
企业家素质	X_{23}	企业家年龄	超过 50 岁=1，小于 50 岁=0
企业家冒险	X_{24}	企业家对自身冒险性精神评价	强=1，弱=0
市场因素	X_3	绿色产品利润率、竞争程度	

续表

变量	编号	变量定义	变量取值
产品利润率	X_{31}	绿色产品毛利润率： （价格-成本）/价格	超过 50%=1， 小于 50%=0
竞争程度	X_{32}	同行价格战状况	很少价格战=0， 经常价格战=1
环境因素	X_4	政府管制及消费者信任度	
政府管制	X_{41}	行业或政府管制，用抽检频率来衡量	年抽检 1 次以上=1， 无抽检=0
消费者信任	X_{42}	企业对消费者信任的判断	信任=1，不信任=0

第三节　实证分析

一、研究方法

本部分运用二元 Logistic 选择模型，实证研究扶持政策对农业龙头企业绿色食品开发意愿的影响效果及作用机制。被解释变量是农业龙头企业绿色食品开发意愿，其模型形式如下：

$$P_i = F\left(\alpha + \sum_{j=1}^{m}\beta_j X_j\right) = 1/\left\{1 + \exp\left[-\left(\alpha + \sum_{j=1}^{m}\beta_j X_j\right)\right]\right\} \qquad 式（6-1）$$

经整理后得到：

$$\ln\frac{p_i}{1-p_i} = \alpha + \sum_{j=1}^{m}\beta_j X_j \qquad 式（6-2）$$

式中，P_i 是第 i 个农业龙头企业绿色食品开发意愿发生的概率。X_j 是第 j 个农业龙头企业绿色食品开发意愿的影响因素。

二、计量结果分析

（一）不考虑扶持政策交互效应的计量结果

首先，将八个扶持政策作为解释变量，分析其对农业龙头企业绿色食品开发意愿的影响，得到结果如表 6–4 中模型 1 所示。其次，将企业内部因素、市场因素、环境因素作为解释变量分析其对农业龙头企业绿色食品开发意愿的影响，得到结果如表 6–4 中模型 2 所示。最后，将扶持政策因素八个自变量及其他因素同时作为解释变量，分析农业龙头企业绿色食品开发意愿的影响，得到结果如表 6–4 中模型 3 所示。

表 6–4 未考虑扶持政策交互因子的计量分析模型结果

	模型 1		模型 2		模型 3	
	估计系数	Exp（B）	估计系数	Exp（B）	估计系数	Exp（B）
常数项	–2.51**	1.06	–3.13***	1.30	–6.39**	1.34
科技支持	0.89***	1.45			1.23**	1.67
绿色品牌补贴	0.62***	1.23			0.17*	1.22
绿色基地补贴	1.20***	1.40			0.61	0.65
项目支持	–0.02	0.86			–0.03	0.89
贴息贷款	0.67**	1.97			0.21	1.09
培训支持	0.03	0.45			0.09	0.23
营销支持	0.11	1.05			–0.11	0.39
税收减免	0.46**	1.22			0.88***	1.08
企业销售收入			0.18***	1.35	0.15	1.60
企业产品范围			0.45**	1.21	2.44***	1.78
企业家学历			0.06	0.78	0.03	0.88
企业家风险性			0.67**	0.92	0.45	2.91
产品利润率			0.97***	1.66	1.34***	1.39
竞争程度			0.08	0.49	0.09	0.08
政府管制			–0.12**	0.56	–1.29**	1.29
消费者信任			1.25**	1.39	1.56***	2.01
Nagelkerke R^2	0.347		0.471		0.293	
–2 loglikelihood	103.6		120.9		147.6	

注：***、** 和 * 分别表示在 1%、5%和 10%的统计水平上显著。

从模型检验的结果可以看出，模型 1、模型 2、模型 3 的 Nagelkerke R^2 分别为 0.347、0.471、0.293，其 –2 log likelihood 值分别为 103.6、120.9、147.6，这表明三个模型的拟合结果均较好。

（1）模型 1 结果分析。模型 1 的结果表明：有五项扶持政策对农业龙头企业开发绿色食品意愿产生显著性影响，三项扶持政策对农业龙头企业开发绿色食品意愿的影响不显著。具体来说，科技支持资金、绿色产品标志补贴、生态基地建设的补助资金、贴息贷款和税收减免优惠政策有利于激发农业龙头企业开发绿色食品的意望。而营销支持政策、培训支持政策、项目支持政策不利于激发农业龙头企业开发绿色食品的意愿。

（2）模型 2 结果分析。模型 2 的结果表明：企业家风险性、企业销售收入、产品范围、产品利润率、政府管制和消费者信任对农业龙头企业开发绿色食品意愿产生显著性影响，但企业家学历、行业竞争程度对农业龙头企业开发绿色食品意愿产生的影响不显著。这说明：冒险精神越强的企业家，越趋向开发绿色食品。但企业家学历与农业龙头企业开发绿色食品的意愿没有必然联系；企业销售收入越高、企业规模越大，越趋向开发绿色食品；企业相关产品覆盖面越广，越愿意开发绿色食品；绿色食品利润率越高，越有利于促进农业龙头企业开发绿色食品；政府对绿色食品行业管制越严格，越有利促进企业开发绿色食品。消费者对绿色食品的信任程度越高，越有利促进农业龙头企业进行绿色食品开发。

（3）模型 3 结果分析。模型 3 的结果表明：科技支持、绿色品牌支持和税收减免三项扶持政策对农业龙头企业绿色食品开发意愿产生显著性影响。而非政策性因子中，产品范围、产品利润率、政府管制、消费者信任四项因子对农业龙头企业绿色食品开发意愿产生显著性影响。而企业销售收入、企业家学历、企业家风险性、竞争程度四项因子对农业龙头企业绿色食品开发意愿的影响不显著。

综合模型 1、模型 2 和模型 3 的结果，我们发现：在模型 1 中有五个政策因子通过检验，但在模型 3 中，这五项因子只有三个政策因子通过检验。在模型 2 中有六项非政策因子通过检验，但在模型 3 中，这六项非政策性因子中只有四项通过检验。因此，有必要将在模型 1 中通过检验，但在模型 3 未通过的两项政策因子与两项非政策因子进行交互，形成四个交互因子重新纳入模型 3 中进行检验。具体来说，这 4 个交互因子为：企业销售收入×贴息贷款、企业销售收入×绿色基地补贴、企业家风险性×绿色基地补贴、企业家风险性×贴息贷款。

（二）考虑扶持政策交互效应的计量结果

在模型 3 的基础上，纳入上述四个扶持政策交互因子作为自变量，运用 SPSS 19.0 对样本数据进行 Logistic 回归，得到结果如表 6-5 所示。

模型 4 检验的 Nagelkerke R^2 为 0.318，-2 log likelihood 值为 181.3。这表明模型 4 的拟合结果较好，具体计量分析结果如表 6-5 所示。

表 6-5 模型 4 包括扶持政策交互因子的计量模型结果

	估计系数	Exp（B）
常数项	-8.8***	2.11
科技支持	0.27*	1.10
绿色品牌补贴	0.59**	1.12
绿色生产基地补贴	0.18	0.67
项目支持	0.08	0.23
贴息贷款	0.11	0.92
培训支持	0.09	0.58
营销支持	0.17	2.23
税收减免	1.96***	2.71
企业销售收入	0.01	0.85
企业产品范围	0.46**	1.19
企业家学历	-0.02	0.25
企业家风险性	0.10	1.56
产品利润率	0.99**	1.27
竞争程度	-0.06	1.91
政府管制	0.09	1.22
消费者信任	0.66**	0.78
企业销售收入×绿色基地补贴	0.72**	1.89
企业销售收入×贴息贷款	0.67*	0.61
企业家风险性×绿色基地补贴	0.27*	2.31
企业家风险性×贴息贷款	-0.03	1.11
伪判决系数	0.318	
负 2 倍对数似然比	181.3	

注：***、** 和 * 分别表示在 1%、5%和 10%的统计水平上显著。

（1）扶持政策因子的影响效果。从表 6-5 可知，科技支持、绿色品牌补贴、税收减免等政策对促进农业龙头企业绿色食品开发意愿有显著影响。因此，可以推断：农业龙头企业为了获取科技支持资金、绿色产品补助资金、税收减免而进行绿色食品开发。但贴息贷款、培训政策、营销支持、项目支持、生态基地建设补贴对农业龙头企业绿色食品开发意愿的影响效果不明显。这与模型 3 的结果相同，但与模型 1 的结果不同。其中贴息贷款、生态基地建设补贴变量在模型 4 中没有通过检验，而在模型 1 中通过了检验。

（2）非扶持政策因子的影响效果。企业产品范围、绿色产品利润率、消费者信任对农业龙头企业绿色食品开发意愿有显著影响。这说明，企业相关产品覆盖面越广，越愿意开发绿色食品；绿色食品利润率越高，越有利于促进农业龙头企业开发绿色食品；政府对绿色食品行业管制越严格，越有利于促进企业开发绿色食品。消费者对绿色食品信任程度越高，越有利于促进农业龙头企业进行绿色食品开发。这与模型 3 的结果相同，但与模型 2 的结果不同。其中政府管制企业家风险性、企业销售收入变量在模型 4 中没有通过检验，而在模型 2 中通过了检验。

（3）政策性因子与非政策性因子交互影响效果模型 4 中，有三个交互因子通过了检验，分别是企业销售收入×绿色基地补贴、企业销售收入×贴息贷款、企业家风险性×绿色基地补贴。这表明：贴息贷款政策对农业龙头企业绿色食品开发意愿的直接影响效应不明显，但销售收入越大的农业龙头企业，在贴息贷款政策的影响下，越趋于进行绿色食品开发。绿色基地补贴政策对农业龙头企业绿色食品开发意愿的直接影响不明显，但销售收入越高的农业龙头企业，在绿色基地补贴政策的影响下，越趋于进行绿色食品开发。此外，喜欢冒险的企业家，在绿色基地补贴政策的作用下，更趋于进行绿色食品开发。但保守的企业家即使在绿色基地补贴的作用下，也未必愿意开发绿色食品。

第四节　相关结论、解释与讨论

一、各扶持政策对农业龙头企业绿色食品开发意愿的影响效果

（1）科技支持政策、绿色品牌补贴政策、税收减免政策对促进农业龙头企业绿色食品开发意愿具有非常明显的效果。其中，科技支持政策是针对所有农业龙头企业的通用性支持政策，如果农业龙头企业进行绿色食品开发，将优先获得支持。这种优先权的作用效果非常明显。绿色品牌补贴是专门用于农业龙头企业申报绿色产品标志进行补贴，这项专门政策对农业龙头企业转型开发绿色食品的影响效果非常明显。税收减免适合所用农业龙头企业，但如果其开发绿色食品则享受更多优惠，有利于促进农业龙头企业进行绿色食品开发。

（2）培训支持政策、营销支持政策、项目支持政策对促进农业龙头企业绿色食品开发意愿的效果不明显。可能的解释是：培训支持政策大部分是政府主导的培训项目，包括企业家绿色食品知识、企业经营管理知识等培训。这种培训的课程设置未从农业龙头企业培训需求出发，培训效果不佳，因此对促进农业龙头企业绿色食品开发意愿的作用不明显。营销支持措施往往也是地方政府主导的营销安排，如参加产品交易会、展销会。这种安排往往具有行政特征，缺乏对市场需求的了解，农业龙头企业兴趣不大，有的企业只是为了配合政府行政行为而参加交易会。因此，该项支持政策的效果不明显。项目支持效果不明显的原因与政府主导因素也密切相关，某些项目纯属“拉郎配”。

（3）贴息贷款和生产基地补贴政策虽没有直接促进农业龙头企业进行绿色食品开发，但起到了间接作用。农业龙头企业获得贴息贷款并不容易，除了需要农业主管部门选择，最终决定权在银行。销售收入指标是银行评判是否发放贷款的重要指标。一些经营状况不佳的企业即使开发绿色食品，也未必能够获得贷款。因此，只有销售收入较高的企业才愿意开发绿色食品，从而获得贴息贷款。这就解释了销售收入×贴息贷款这个交互因子对促进农业龙头企业绿色食品开发意愿的影响效果明显。生产基地补贴是一笔较大的补贴。政府要求农业龙头企业对生态基地进行前期建设，只有有冒险精神的企业家，或者销售收入高、经营状况较好的企业愿意进行前期建设。这就解释了企业家风险性×绿色基地补贴及销售收入×绿色基地补贴交互因子对促进农业龙头企业绿色食品开发意愿的影响效果明显。

二、非政策因素对农业龙头企业绿色食品开发意愿的影响效果

从上述研究可知，农业龙头企业开发绿色食品意愿还受到非政策因素的影响。绿色食品利润率越高，企业越愿意进行绿色食品开发。政府对绿色食品行业管制越严格，不仅没有降低企业开发绿色食品的意愿，反而促进了企业进行开发的意愿。消费者对绿色食品的信任度越高，越有利于农业龙头企业开发绿色食品。但行业竞争程度因素对企业开发绿色食品意愿的影响不显著。可能的解释是：农业龙头企业并没有把绿色食品作为抵御行业恶性竞争的重要手段。企业家学历因素对农业龙头企业开发绿色食品意愿的影响不明显，这可能是因为企业家

学历也未必能反映企业家素质。

三、农业龙头企业开发绿色食品动机的讨论

农业龙头销售收入对农业龙头企业开发意愿的影响不显著。这说明，并非规模越大、经营越好的企业越愿意开发绿色食品。许多农业龙头企业开发绿色食品或许有其他目的。结果显示，农业龙头企业产品范围越大，越愿意开发绿色食品。可能的解释是：农业龙头企业一旦获得绿色食品标志，就可以“漂绿”企业，提升企业品牌形象，促进企业产品的整体销售。因此，开发农业龙头企业开发绿色食品可能存在“漂绿”动机。此外，农业龙头企业开发绿色食品除了可以获得绿色食品专门性扶持资金（如绿色品牌补贴和生态基地建设补贴），还具有获取科技支持、税收减免、贷款贴息等多项通用性农业产业扶持政策的优先权。因此，农业龙头企业开发绿色食品的另一个动机，可能是为了更好地获取政策资源，提升企业绩效。

第七章　扶持政策对农业龙头企业绿色食品开发强度的影响研究

本章以 98 家江西省绿色食品农业龙头企业为样本，运用回归模型，实证分析扶持政策与农业龙头企业绿色食品开发强度的关系。结果显示，品牌补贴和生态基地补贴政策等专门性绿色产品扶持政策有利于提升绿色食品农业龙头企业绿色化强度。但贷款贴息政策和税收减免等通用性支持政策，不能提高其绿色化强度。进一步分析，农业龙头企业绿色化强度与其绿色产品销售收入占总农业收入的比重关系不显著。农业龙头企业绿色食品开发强度越高，其利润越低。这些结果揭示了农业龙头企业普遍存在“漂绿”行为，而这正是农业龙头企业开发绿色食品的重要动机。

第一节　研究背景与调研数据

一、研究背景

国家“十二五”规划报告中把“完善现代农业产业体系，发展高产、优质、高效、生态、安全农业”放在十分突出的位置，彰显政府对绿色食品产业发展的重视。

1996~2013 年，我国认证绿色产品标志的企业数量以每年 20.6%的速度增长，绿色食品品牌标志以每年 25.3%的速度增长，实物产量以每年 25.8%的速度增长，出口额以每年 48.6%的速度增长，年销售额以每年 23%的速度增长，产地监测面积以 18.4%的速度增长，中国绿色食品产业已经成功跨越产业形成期，处于成长期向成熟期过渡阶段。但我国绿色食品产业面临着企业规模小、市场集中低等难题。

笔者根据中国绿色食品统计年报资料（2006~2013 年），将绿色食品总规模除以企业数量，发现每个企业拥有的绿色食品品牌标志平均只以每年 3.8%的速度增长，销售额平均只以每年 1.9%的速度增长，产地监测面积平均以每年 1.8%的速度负增长。根据这些数据，笔者进一步测算出：绿色食品企业数量的扩张为产业快速成长提供 80%的贡献率，企业内部绿色化扩张带来的贡献率却不足 20%。笔者猜测：由于政策扶持的作用，农业龙头企业对绿色食品认证充满热情，导致参与开发绿色食品的农业龙头企业数量快速增长，而企业进入绿色食品行业之后，却缺乏绿色化扩张的动力。两种力量共同作用，导致绿色食品产业集中度偏低。刘呈庆（2010）发现农业龙头企业往往采用“局部绿色化”策略。张明林（2011）指出，农业龙头企业可能通过获得绿色食品标志“漂绿”企业，进而促进企业其他农产品的销售，从而提高企业效益。但这些猜测并未得到验证，需要学术界进行实证分析，并剖析绿色食品农业龙头企业不愿意绿色化扩张的根源。

国外相关研究中，K. Shanahan H. C.（2010）指出，由于绿色食品供应链之间存在信息鸿沟，生产企业的绿色产品难以顺利销售，从而降低了其扩张的积极性。Barr S.，Ford N. & Gilg，A.（2005）从消费者角度分析，如果绿色产品不能确保质量，将降低消费数量。Lockwood D.（2008）认为，政府规制非常重要，但目前面临着重要挑战。Nakada M.（2004）经实证分析，认为当前许多国家的环境政策并未促使绿色食品产业快速发展。

但总体上，“扶持政策与农业企业绿色食品开发行为之间关系”的研究成果还不丰富。本书从微观的视角，实证研究分析“扶持政策对农业龙头企业绿色食品开发强度影响效果”，在此基础上，进一步探索和揭示农业龙头企业绿色食品开发行为动机，研究结论将为优化我国绿色食品扶持政策提供重要的理论依据。

二、数据来源与样本描述

（一）数据来源

为了获取扶持政策影响农业龙头企业绿色食品开发强度的真实数据，课题组于 2014 年 2~5 月深入江西各地区，选择具有代表性的获得绿色食品标志五年以上的农业龙头企业，通过对企业家进行座谈与问卷调查，了解农业龙头企业绿色食品开发情况及其获得扶持政策情况。此次调研区域分布在江西省的六个地区共 20 个县市，分别为南昌、九江、赣州、宜春、抚州、上饶，从样本的地域分布来看，样本具有较好的代表性。此次调研发放 120 份问卷，剔除缺失关键数据的无效问卷，共收回 98 份有效问卷，问卷有效率为 81.67%。

（二）样本描述

从表 7-1 可以看出：本次调研样本中，省级以上农业龙头企业有 13 家占比 13.3%，县市级农业龙头企业占比 86.7%；近五年开发绿色食品数量 1~2 个的农业龙头企业共 28 家，占 28.6%，3~6 个的占 50%，而超过 6 个的占 21.4%；近 5 年绿色产品年平均销售收入 0~500 万元的农业龙头企业 76 个，占比 77.6%，而年平均销售收入超过 500 万元的只有 22 家，占比 22.4%；此外，近 5 年农产品年平均销售收入 0~500 万元的农业龙头企业 34 个，占比 34.7%，销售收入 500 万~1000 万元的企业共 45 家，占比 45.9%，销售收入在 1000 万元以上的企业共 18 家，占比 18.4%。企业年平均利润超 500 万元的占 33.7%，100 万~500 万元的占 54.1%，少于 100 万元的占 12.2%。农业龙头企业绿色产品数量增长率超 10%的占 30%，小于或等于 10%的占 70%。农业龙头企业绿色产品销售收入增长率超 10%的占 24.5%，小于或等于 10%的占 75.5%。农业龙头企业绿色产品数量占农产品种类比率超 10%的占 37.8%，小于或等于 10%的占 62.2%。农业龙头企业绿色产品销售收入占总农业收入比率超 10%的占 31.6%，小于或等于 10%的占 68.4%。

表 7-1　调研样本基本情况

项目	选项	企业数量（家）	占比（%）
农业龙头企业类型	省级以上	13	13.3
	县市级	85	86.7

续表

项目	选项	企业数量（家）	占比（%）
绿色产品数量（近五年总量）	1~2个	28	28.6
	3~6个	49	50.0
	6个以上	21	21.4
绿色产品销售收入（近五年平均）	0~500万元	76	77.6
	500万元以上	22	22.4
农产品销售收入（近五年平均）	0~500万元	34	34.7
	500万~1000万元	45	45.9
	1000万元以上	18	18.4
企业利润（近五年平均）	0~100万元	12	12.2
	100万~500万元	53	54.1
	500万元以上	33	33.7
绿色产品数量增长率	≤10%	69	70
	>10%	29	30
绿色产品销售收入增长率	≤10%	74	75.5
	>10%	24	24.5
绿色产品数量占农产品种类比率	≤10%	61	62.2
	>10%	37	37.8
绿色产品销售收入占总农业收入比率	≤10%	67	68.4
	>10%	31	31.6

第二节　研究思路与变量处理

本书主要从两个层面展开：先实证分析扶持政策投入量与农业龙头企业绿色食品开发强度的关系，在此基础上，进一步揭示农业龙头企业绿色食品开发行为动机。

一、扶持政策与农业龙头企业绿色食品开发强度的关系

（一）基本模型

我国绿色食品产业扶持政策主要指各级政府部门，如绿色食品发展中心、农

业产业化办公室、发改委、科技等多个部门提供的资源支持，具体包括税收减免、贷款减息、绿色产品认证补贴、基地建设补贴、项目支持、物流支持、培训支持等多种形式。其中，绿色品牌补贴量、生产基地建设补贴量、贷款贴息金额、税收减免金额四项是主要的支持政策，因此本书以这四项政策支持金额作为自变量。因变量为绿色食品开发强度。绿色食品开发强度是指绿色食品农业龙头企业开发绿色食品的程度和速度。绿色食品开发程度是指绿色食品标志数量占其总农产品数量的比例（Y_1），绿色食品销售收入占农业总销售规模的比例（Y_2）；绿色食品开发速度是指绿色产品标志数量增长率（Y_3）和绿色产品销售收入增长率（Y_4）。显然，绿色食品开发强度（Y）是一个综合指标，需要进行综合测度和评价。

本书采用模型如下：

$$Y = ax_1 + bx_2 + cx_3 + dx_4 + \varepsilon \quad \text{式（7-1）}$$

式中，Y 为农业龙头企业绿色产品开发；x_1 为绿色品牌补贴量；x_2 为生态基地建设补贴量；x_3 为贷款贴息额；x_4 为税收减免量，ε 为随机干扰项，a、b、c、d 为变量系数。我们依据自变量的系数，判断各扶持政策对农业龙头企业绿色食品开发强度的影响方向和程度以及总扶持政策对绿色食品开发强度的综合影响效果。

（二）变量处理

政策支持变量将按五年四项政策实际投入量总量进行处理；绿色产品标志数量指企业获得农业部认证的绿色产品标志的个数；绿色食品标志数量占其总农产品数量的比率（Y_1）是指五年来平均比率；绿色食品销售收入与农业总销售规模的比例（Y_2）是指五年来平均比率；绿色产品标志数量增长率（Y_3），可用五年内新增的绿色产品标志除以基期绿色产品标志；绿色食品销售收入增长率（Y_4）是指五年内企业绿色产品销售增长额除以基期绿色产品销售额。

熵理论最早是由申农引入信息论，目前已经在工程技术、社会经济等领域得到了非常广泛的应用。熵权法的基本思路是根据指标变异性的大小来确定客观权重。本书采用熵权方法来测算农业龙头企业绿色食品开发强度四个具体指标的权重。熵权方法的优点是可以客观测定权重，排除主观因素的影响。一般来说，若某个指标的信息熵 E_j 越小，表明指标值的变异程度越大，提供的信息量越多，在综合评价中所起到的作用也越大，其权重也就越大。相反，某个指标的信息熵 E_j 越大，表明指标值的变异程度越小，提供的信息量也越少，在综合评价中所起到的作用也越小，其权重也就越小。利用熵权法进行评价的基本步骤如下：

（1）数据标准化。将各指标数据进行标准化处理。

（2）求各指标的信息熵。根据信息论中信息熵的定义，一组数据的信息熵 $E_j=-\ln(n)^{-1}\sum_{i=1}^{n}p_{ij}\ln p_{ij}$，其中 $p_{ij}=Y_{ij}/\sum_{i=1}^{n}Y_{ij}$，如果 $p_{ij}=0$，则定义 $\lim_{p_{ij}\to 0}p_{ij}\ln p_{ij}=0$。

（3）求各指标权重。根据信息熵的计算公式，计算出各个指标的信息熵为 E_1，E_2，…，E_k。通过信息熵计算各指标的权重：$W_i=\frac{1-E_i}{k-\sum E_i}(i=1, 2, \cdots, k)$。

（4）综合评价。利用熵权法求出的指标权重值乘以指标数据加总得到综合评价值。

二、农业龙头企业绿色食品开发行为动机实证研究

刘呈庆（2010）指出，农业龙头绿色食品开发战略呈现“局部化”现象。进一步指出农业龙头企业存在“漂绿行为”。张明林（2011）指出，所谓“漂绿行为”就是指农业龙头企业通过申报绿色食品标志产品，使企业成为绿色食品企业，再通过绿色化宣传提升企业和品牌形象，达到提高农产品总销售收入的目的。由于绿色开发成本高于普通农产品开发成本，所以农业龙头企业一旦成功申报绿色食品标志，出于节约成本的目的，会降低绿色食品开发强度。由此，我们推断：农业龙头企业绿色食品开发强度与其绿色食品销售收入正相关，与农业龙头企业总利润关系负相关，与农业龙头企业总收入无关。

该部分研究采用线性模型，如下：

$$Z=a+bx+\varepsilon \qquad \text{式（7-2）}$$

式中，Z 为农业龙头企业为绿色产品开发强度；Z 为被解释变量，ε 为随机干扰项，a 为常数项，b 为自变量系数。

绿色产品开发强度变量 X 的测度同上。

第三节 实证分析

一、扶持政策对农业龙头企业绿色食品开发强度影响效果分析

利用 SPSS 19.0 软件对 98 个样本的数据运用回归方法拟合多元线性模型，结果如表 7–2 所示。

表 7–2 扶持政策对农业龙头企业绿色食品开发强度影响计量结果

变量	模型 1		模型 2		模型 3		模型 4		模型 5	
	B	t	B	t	B	t	B	t	B	t
常数	−1.21	1.78*	−4.34	2.41**	−0.898	2.02*	−0.104	0.05	4.2E−4	2.01*
X_1	1.29E−6	1.69*	3.21E−6	0.93	6.89E−7	1.88*	6.38E−7	4.67***	5.39E−7	1.83*
X_2	8.36E−7	3.89***	7.23E−7	1.74*	4.59E−8	1.67*	3.33E−8	1.90*	1.23E−8	1.99*
X_3	−2.34E−6	1.67*	−1.98E−6	2.01*	7.12E−7	0.45	−6.91E−7	0.08	2.22E−7	−2.04*
X_4	3.75E−6	0.23	3.33E−6	0.10	1.22E−6	1.31	9.99E−7	1.38	1.01E−6	0.89
R^2	37.3		22.9		18.2		25.4		28.9	
F 值	0.67		0.51		0.43		0.55		0.63	

注：***、** 和 * 分别表示在 1%、5%和 10%的统计水平上显著。

从模型 1 可知：其 F 值为 37.3，R^2 为 0.67，模型整体通过检验。绿色食品标志数量占其总农产品数量的比率（Y_1）与绿色品牌补贴量 x_1 正相关。这说明绿色品牌补贴政策有利于促进农业龙头企业进行绿色产品开发；绿色食品销售收入占其总农产品销售收入的比例（Y_1）与绿色基地补贴量 x_2 正相关，这说明绿色基地补贴政策有利于促进农业龙头企业进行绿色实施开发；而绿色食品标志数量占其总农产品数量的比例（Y_1）与贴息贷款量 x_3 负相关。这说明贴息贷款不仅没有对促进农业龙头企业绿色食品开发产生积极作用，而且具有反作用。可能的解释是，这项政策不是专门针对绿色食品企业的，也就是说，该政策适合所有农业龙头企业。在设计政策时并没有将贴息贷款的额度与农业龙头企业绿色食品规模和范围联系起来。农业龙头企业获取的贴息贷款更多地挪用于非绿色食品业务经营。此外，绿色食品标志数量占其总农产品数量的比例（Y_1）与税收减免 x_4 无显

著性相关。这说明税收减免政策不利于促进农业龙头企业进行绿色食品开发。

从模型 2 可知：其 F 值为 22.9，R^2 为 0.51，模型整体通过检验。绿色食品销售收入与农业总销售规模的比例（Y_2）与绿色品牌补贴量 x_1 之间关系不显著。这说明，绿色品牌补贴政策并未促进农业龙头企业进行绿色化扩张；绿色食品销售收入与农业总销售规模的比例（Y_2）与绿色基地补贴量 x_2 正相关，这说明绿色基地补贴政策有利于促进农业龙头企业绿色化扩张；绿色食品销售收入与农业总销售规模的比例（Y_2）与贴息贷款量 x_3 负相关。这说明贴息贷款不仅没有对促进农业龙头企业绿色食品开发产生积极作用，而且具有反作用；此外，绿色食品销售收入与农业总销售规模的比例（Y_2）与税收减免 x_4 无显著性相关，这说明税收减免政策对农业龙头企业绿色化扩张的影响效果不明显。

从模型 3 可知：其 F 值为 18.2，R^2 为 0.43，模型整体通过检验。绿色产品标志数量增长率（Y_3）与绿色品牌补贴量 x_1 关系显著。这说明，绿色品牌补贴政策对促进农业龙头企业进行申请绿色食品标志产品有积极作用；绿色产品标志数量增长率（Y_3）与绿色基地补贴量 x_2 正相关，这说明绿色基地补贴政策有利于促进农业龙头企业绿色化增长；绿色产品标志数量增长率（Y_3）与贴息贷款量 x_3 相关性不明显。这说明贴息贷款没有对促进农业龙头企业绿色食品开发产生积极作用；此外，绿色产品标志数量增长率（Y_3）与税收减免 x_4 无显著性相关，这说明税收减免政策效果不佳。

从模型 4 可知：其 F 值为 25.4，R^2 为 0.55，模型整体通过检验。绿色食品销售收入增长率（Y_4）与绿色品牌补贴量 x_1 之间关系不显著。这说明，绿色品牌补贴政策对促进农业龙头企业绿色业务收入提高的效果不明显；绿色食品销售收入增长率（Y_4）与绿色基地补贴量 x_2 正相关，这说明绿色基地补贴政策有利于促进农业龙头企业绿色业务增长；绿色食品销售收入增长率（Y_4）与贴息贷款量 x_3 负相关。这说明贴息贷款不仅没有对促进农业龙头企业绿色食品开发产生积极作用，而且具有反作用；此外，绿色食品销售收入增长率（Y_4）与税收减免 x_4 无显著性相关，这说明税收减免政策对农业龙头企业绿色业务增长的效果不明显。

从模型 5 可知：其 F 值为 28.9，R^2 为 0.63，模型整体通过检验。绿色食品开发强度（Y）与绿色品牌补贴量 x_1 关系显著。这说明，绿色品牌补贴政策对农业龙头企业进行绿色食品开发强度影响明显；绿色食品开发强度（Y）与绿色基

地补贴量 x_2 正相关，这说明绿色基地补贴政策有利于促进农业龙头企业进行绿色进行开发；绿色食品开发强度（Y）与贴息贷款量 x_3 负相关。这说明贴息贷款不仅没有对促进农业龙头企业绿色食品开发产生积极作用，而且具有反作用；此外，绿色食品开发强度（Y）与税收减免 x_4 无显著性相关，这说明税收减免政策对农业龙头企业绿色化扩张的效果不明显。

二、农业龙头企业绿色食品开发动机实证分析

利用 SPSS 19.0 软件对 98 个样本的数据运用回归方法拟合多元线形模型，结果如表 7-3 所示。

表 7-3 农业龙头企业绿色食品开发动机实证计量结果

变量与模型	模型 4		模型 5		模型 6	
	B	t	B	t	B	t
a	-4.52E5	4.81***	2.13E5	5.38***	9.65E4	1.89*
X	2.10E6	1.77*	1.19E7	0.11	-6.21E6	1.93*
R^2	0.72		0.13		0.59	
F	33.7		2.7		24.5	

注：*** 和 * 分别表示在 1%和 10%的统计水平上显著。

从模型 4 可知：其 F 值为 33.7，R^2 为 0.72，模型整体通过检验。绿色食品销售收入 Z_1 与绿色食品开发强度 X 正相关。这说明，促进农业龙头企业进行绿色产品开发有利于其绿色业务收入。

从模型 5 可知：其 F 值为 2.7，R^2 为 0.13，模型整体未通过检验。绿色食品开发强度 X 与农业龙头企业总收入 Z_2 相关性不明显。这说明，随着农业龙头企业绿色开发程度提高，企业总收入并未表现出显著性增加。由此，我们可以推断，虽然农业龙头企业绿色食品开发强度提高促进了绿色业务收入的增多，但这部分收入增加不足以提升整个企业的销售收入。

从模型 6 可知，其 F 值为 24.5，R^2 为 0.59，模型整体通过检验。农业龙头企业绿色开发强度 X 与农业龙头企业总利润 Z_3 显著负相关，这说明农业龙头企业绿色开发强度越高，其利润越低。反之，农业龙头企业绿色开发强度越低，其利润越高。由此可以证实前面的推测。由于开发绿色食品的成本高于普通农产品，出于降低成本和提高利润的目的。许多绿色食品农业龙头企业并不愿意提升

绿色食品开发强度。农产品市场存在高度信息不对称，一旦某一企业成功获得少数绿色食品认证标志，就会对社会和公众宣称其为绿色食品企业，消费者可能认为其生产的所有产品均为绿色食品。这样就“漂绿”了企业及其品牌，从而增加了总销售收入，提高了企业的综合利润。

第四节　相关结论及讨论

一、扶持政策对农业龙头企业绿色食品开发的影响效应及讨论

从前面的计量分析结果可以看出，我国绿色食品产业扶持政策的政策效果存在较大差异。具体来说：

（1）绿色品牌补贴政策在一定程度上促进了农业龙头企业进行绿色食品开发。在模型 1、模型 3、模型 4 中，该项政策的效应非常明显。绿色品牌补贴有利于促进绿色品牌标志数量增加，进而促进其在企业农产品家族中的比例和分量，并提高绿色产品销售收入。但在模型 2 中，绿色品牌补贴政策对绿色食品收入占其农业总收入的比重的影响不甚明显。合理的解释是，虽然农业龙头企业绿色产品标志数量和绿色产品销售收入增加了，但其农产品总销售收入也可能增加，这导致绿色品牌政策对绿色食品收入占农业总收入比重的影响不甚明显。模型 5 说明，绿色品牌政策对农业龙头企业绿色产品强度增加有显著性影响。

（2）生态基地补贴政策对农业龙头企业绿色食品开发强度影响效果显著。在模型 1、模型 2、模型 3、模型 4 中，生态基地补贴因子对各因变量的影响显著，且正相关。因此，生态基地补贴政策不仅有利于促进绿色品牌标志数量增加，提升其在农产品产品家族中的比例和分量。同时，该政策因子有利于增加绿色产品销售收入，甚至提高绿色产品销售收入占农业总收入的比重。模型 5 的结果说明，生态基地补贴政策对农业龙头企业绿色产品强度增加有显著性影响。

（3）贷款贴息政策对于促进农业龙头企业绿色食品开发效果不明显。在模型

3 和模型 4 中，贷款贴息政策影响因子对因变量的影响不显著。这说明，贴息贷款政策并没有有效促进农业龙头企业积极申报绿色产品标志，也未能达到提升其绿色产品销售收入的目的。在模型 1、模型 2 和模型 5 中，贴息贷款因子与因变量呈负相关。这说明，贴息贷款政策可能促进农业龙头企业进行其他普通农产品开发，从而导致绿色产品标志数量占总产品数比例及绿色产品销售收入占总销售收入比例下降。模型 5 的结果说明，贷款贴息政策对农业龙头企业绿色产品强度产生负面影响。

（4）税收减免政策对农业龙头企业绿色食品开发强度影响效果不明显。在模型 1、模型 2、模型 3、模型 4 和模型 5 中，税收政策因子与各因子变量均不相关。这说明该项政策不能有效促进农业龙头企业进行绿色食品开发。

综上，绿色品牌补贴和生态基地补贴政策作为专门的绿色产品扶持政策，有利于促进农业龙头企业进行开发，提升其绿色化程度和速度。但贷款贴息政策和税收减免是针对所有农业龙头企业的实用性支持政策，不仅不能提高其绿色化强度，还可能通过转化资金使用用途，进行普通农产品开发。因此，我国在目前绿色产业扶持政策体系中，要进一步强化专门性绿色扶持政策力度，尤其要加强对绿色品牌补贴和生态基地政策的扶持力度。同时，要对贷款贴息政策和税收减免政策扶持方式进行重新设计。本书建议，要将绿色化程度和速度指标纳入这两项扶持政策考核体系。

二、农业龙头企业绿色食品开发动机结论及讨论

模型 4、模型 5 和模型 6 结果表明，农业龙头企业绿色化强度提高的确有利于提升其绿色产品销售收入，但不一定能提高其绿色产品销售收入占总农业收入的比重。由于农业龙头企业开发绿色产品成本明显高于普通农产品，出于利润最大化的目的，农业龙头企业一旦成功申报少量绿色产品标志，变为“绿色食品农业龙头企业”后，很可能降低申报绿色标志的频率和范围。模型 6 的结果表明，农业龙头企业绿色化开发强度越高，其利润率越低。这有力地证明了农业龙头企业普遍存在“漂绿”行为。

农业龙头企业的“漂绿”行为导致许多农业龙头企业初次申报绿色食品标志时热情很高，但其对绿色产品开发的强度欠缺。从微观主体来看，许多农业龙头

企业经营战略呈现“局部绿色化”特征。从产业组织视角来看，整个绿色产业出现“小规模、大范围”、市场集中偏低的现象。因此，要优化我国绿色食品产业组织结构，就需要抑制农业龙头企业的“漂绿”行为。本书建议，政府一方面要加强对绿色食品产业的规制，包括提高准入标准；另一方面，要对农业龙头企业绿色产品标志规模和范围信息进行专门管理，并及时向消费者公布。对于农业龙头企业对消费者进行误导性和扩大化“绿色”宣传的行为要进行严厉处理。

第八章　扶持政策对绿色食品农业龙头企业相对绩效影响分析
——基于 DEA—Tobit 方法

本章采用 DEA—Tobit 两步法来研究扶持政策对绿色食品农业龙头企业生产效率的影响。第一步，运用 CCR 模型评估出决策单元的效率值。结果显示：大部分绿色食品农业龙头企业处于规模递增阶段，企业纯技术效率和生产效率偏低。第二步，以生产效率、纯技术效率、规模效率为因变量，以各扶持政策、绿色产品开发强度等为自变量，对相关变量取对数，建立回归模型。结果显示：

（1）增加资本要素、土地要素有利于提升绿色食品农业龙头企业的规模效率，但对纯技术效率的影响效果不明显，劳动力生产要素制约了企业纯技术效率提升。

（2）农业龙头企业“漂绿”动机致使其绿色食品开发程度与生产效率负相关。

（3）绿色品牌补贴和生态基地补贴等专用扶持政策的效应不明显，而贴息贷款和税收减免等通用性扶持政策有利于提升绿色食品农业龙头企业的生产效率。

第一节　研究背景

长期以来，我国各级政府非常重视绿色食品产业的发展，绿色食品产业也获得了长足发展。从 2000 年开始，农业部、原国家发展计划委员会等八部委提出了《关于扶持农业产业化经营重点龙头企业的意见》，提出将绿色食品企业优先纳入农业产业化重点龙头企业，并从基地建设、技术改造项目贷款、中央财政、税收减免、出口融资贴息、发行股票等方面进行优先支持。之后，各地方政府不断推出绿色食品产业扶持政策，有的地方政府甚至将绿色食品产业作为支柱产业或战略新型产业进行重点支持。我国政府财政投入绿色食品产业的扶持资金非常多。但这些财政扶持资金政策效果如何？迫切需要学术界对此进行实证分析。

在绿色农业研究领域内，从中观视角研究绿色食品产业的成果较多，如王德章（2012）、宋国宇（2012）分析了我国绿色食品产业结构演变的特征。但也有学者从消费者微观视角展开研究，如张婷（2013）定量分析消费者绿色食品消费行为的影响因素。在绿色食品农业企业绩效研究方面，施建军、崔海云（2013）定量分析了绿色创新和消费者偏好对有机食品企业绩效的正面影响；方海燕、陈涛（2010）指出，绿色食品标志有利于食品销售绩效的提升；王姝涵（2011）对企业实施绿色食品认证的绩效进行系统评价。但国内学者关于“绿色产业扶持政策”的研究不多，且以定性描述为主，缺乏对其政策效应的定量分析。

在国际上，Wong S.（2012）实证分析了绿色产品创新促进农业企业产品竞争力的提升。Azorin J.，Cortes E.，Gamero M. & Tari J.（2009）指出，绿色产业规制对农业企业绩效产生重要影响。但 Caswell（1998）指出，全球绿色食品提供水平不断增加，但绿色食品管理规则还存在诸多问题，导致食品安全问题仍然很严重。总之，国外学者针对绿色食品扶持政策效应的研究也不多。

虽然绿色食品扶持政策效应的定量研究成果不多，但我国学者对农业龙头企业绩效政策效应的研究成果较多。然而，研究结论存在着争议。一部分学者认为，农业龙头企业扶持政策缺乏效率。但也有学者实证分析农业产业化扶持政策是有效率的。

本书借鉴农业龙头企业扶持政策效率的相关前期研究成果，结合绿色食品农业龙头企业特征，以生产率作为企业相对绩效，采用 DEA—Tobit 方法分析扶持政策与绿色食品农业龙头企业的关系，定量测定绿色食品扶持政策的政策效应，从而为优化我国绿色食品产业扶持政策提供理论依据。

第二节 研究模型、样本来源与指标说明

一、研究模型与方法

（一）DEA—Tobit 模型

本书采用 DEA—Tobit 方法来研究扶持政策对绿色食品农业龙头企业生产绩效的影响。第一步，运用 CCR 模型评估出决策单元的效率值。效率值包括生产率、技术效率和规模效率。第二步，以生产效率、技术效率、规模效率为因变量，以各扶持政策和绿色产品开发强度为自变量，对相关变量取对数，建立回归模型。根据自变量系数判断影响因素对效率值的影响方向与影响强度。但是，由 DEA 模型确定的效率值被限制在 0~1，若用普通最小二乘法对模型直接回归，参数估计值会产生偏向于 0 的情形。为解决这一问题，Tobit 于 1958 年提出了截取回归模型（Censored Regression Model），又称为 Tobit 模型，具体如下：

$$E^* = \beta X_i + \varepsilon \qquad \text{式（8-1）}$$

$$E_i = E_I^* \quad IF \quad E^* \geqslant 0 \qquad \text{式（8-2）}$$

$$E_i = E_I^* \quad IF \quad E^* \leqslant 0 \qquad \text{式（8-3）}$$

式（8-1）、式（8-2）、式（8-3）中，$\varepsilon_i \sim N(0, \sigma^2)$，β 为回归参数向量，$X_i$ 为自变量向量，E_I^* 为因变量向量。

（二）DEA 方法测量农业龙头企业绩效

（1）文献评述。我国学者对农业龙头企业绩效的研究成果越来越多。从研究绩效内涵来看，学者们结合农业龙头企业特点，从利益相关理论出发，强调其对农户的带动绩效。从研究方法来看，大部分学者运用因子分析、回归方法等方法，从盈利能力、资产营运能力、成长能力、还债能力和股本扩张能力等财务指标进行评价，进而测量农业龙头企业的绝对绩效。随着研究的深入，对相对绩效的研究越来越受到重视。许多学者利用 DEA 方法测量企业投入产出效率。DEA 方法适合分析多投入多产出问题，不仅能够判断对应的单元是否有效，评价研究

对象的有效性，而且能够提供有用的管理信息。本书利用 DEA 方法测量企业投入产出效率并作为绿色食品农业龙头企业的相对绩效。

（2）DEA 方法介绍 DEA 主要是采用数学规划方法，利用观察到的有效样本数据，对决策单元（Decision Making Units，DMU）进行生产有效性评价。DEA 方法可以得出每个决策单元 DMU 综合效率的数量指标和确定有效生产前沿面，并根据各 DMU 与有效生产前沿面的距离状况确定各 DMU 是否对 DEA 有效。在确定了投入和产出变量以后，本书确定采用 CCR 模型，应用 DEA P2.1 进行求解与分析。

CCR 模型：

$$\sum_{i=1}^{n} X_i Y_i + S^- = \theta x_0 \quad \text{式（8-4）}$$

$$\sum_{i=1}^{n} Y_i W_i + S^+ = y_0 \quad \text{式（8-5）}$$

式（8-4）、式（8-5）为 i_0 产业的 DEA 模型。其中，X_i 是输入变量，Y_i 是输出变量，S^-、S^+是剩余变量、松弛变量；θ 为该决策单元的有效值，即投入相对于产出的相对效率。若 $\theta = 1$，说明 i_0 地区是 DEA 有效的；否则，说明产业是非 DEA 有效的。生产效率则是纯技术效率（PTEC）与规模效率（SEC）的综合体现。规模效率的变化反映投入增长对总要素生产率变化的影响，纯技术效率反映生产领域中技术更新速度的快慢和技术推广的有效程度。

二、数据来源及指标选取

（一）决策单元的划分

本书选取江西省 35 家绿色食品农业龙头企业为样本，将其 2011~2013 年的平均数据作为决策单元，为了不让企业的商业数据外泄，分别用 1~35 序号进行代表。

（二）指标选择与样本数据的获取

借鉴其他学者的相关研究成果，结合实地调研获得的数据。在指标选取方面，本书最终选取了企业员工数、固定资产以及基地面积作为投入变量，选取主营业务收入、净利润和上缴税金作为产出变量，构建了一个“三投入、三产出”

的 DEA 模型。投入变量和产出指标阐释说明如下：

（1）人力投入。在调查过程中发现，在一定程度上，企业员工数可以反映企业在人力成本方面的投入，且该数据可以在调研过程中获得，所以选取企业员工数作为人力投入变量。

（2）资金投入。固定资产是一个相当重要的财务指标，它是企业经济效益最稳定的物质基础，能够在一定程度上反映一个企业的经济规模和企业资源的优化配置情况，但固定资产数据不好统计。所以在考虑资金投入时，决定采用总资产作为衡量指标。

（3）实物投入。由于收集研究对象企业在样本期间的原材料消耗及相关成本十分困难，因此选择原料基地建设额作为实物投入变量。

（4）主营业务收入。主营业务收入是一个较为综合的变量，可以用来衡量企业的产出指标。

（5）净利润。净利润能够体现企业生产经营的综合管理能力，可以直接反映一个上市公司的总体盈利状况，所以选取净利润作为产出指标。

（6）上缴税金。上缴税金反映的是企业在一定时期内向国家与社会履行所承担的义务，可以作为考核企业产出绩效的指标之一。

第三节 绿色食品农业龙头企业相对绩效结果分析

一、测量结果

通过 DEA P2.1 软件计算，35 家样本企业的生产效率（TE）均值以及纯技术效率（PTE）、规模效率（SE）的输出结果如表 8-1 所示。

表 8-1 35 家样本企业各项效率指标的平均值

企业	生产效率	纯技术效率	规模效率	规模阶段
1	1.000	1.000	1.000	drs
2	1.000	1.000	1.000	—

续表

企业	生产效率	纯技术效率	规模效率	规模阶段
3	0.944	1.000	0.944	—
4	0.341	0.534	0.638	drs
5	0.386	0.777	0.497	irs
6	0.617	1.000	0.617	irs
7	0.447	0.622	0.718	irs
8	0.101	1.000	0.101	irs
9	1.000	1.000	1.000	—
10	0.562	0.786	0.715	irs
11	0.653	0.966	0.676	irs
12	1.000	1.000	1.000	—
13	0.134	0.331	0.405	irs
14	0.245	0.788	0.311	irs
15	0.584	0.758	0.771	irs
16	0.398	0.801	0.497	irs
17	0.239	0.284	0.840	irs
18	0.560	0.759	0.738	irs
19	0.231	0.298	0.774	irs
20	0.297	0.842	0.353	irs
21	0.793	0.916	0.866	drs
22	0.535	0.978	0.547	drs
23	0.499	0.873	0.572	irs
24	0.934	0.934	1.000	—
25	0.494	0.725	0.681	irs
26	0.612	0.913	0.670	irs
27	0.134	0.331	0.405	irs
28	0.245	0.788	0.311	irs
29	0.584	0.758	0.771	irs
30	0.398	0.801	0.497	irs
31	0.239	0.284	0.840	irs
32	0.560	0.759	0.738	drs
33	0.231	0.298	0.774	irs
34	0.297	0.842	0.353	—
35	0.341	0.534	0.638	irs
平均值	0.504	0.751	0.665	

注：(1) 生产效率（TE）=纯技术效率（PTE）×规模效率（SE）；
(2) drs、irs、—分别表示企业处于规模报酬递减、规模报酬递增、规模报酬不变阶段。

二、结果分析

从表 8–1 可以看到：

（1）绿色食品农业龙头企业生产效率总体偏低。35 家绿色食品农业龙头企业的生产效率（TE）平均值为 0.504，其中，五家企业的生产效率（TE）为 1，达到 DEA 有效。但还有 30 家绿色食品企业的生产效率低于前沿效率。

（2）大部分绿色食品农业龙头企业处于规模递增阶段。35 家绿色食品农业龙头企业的规模效率（SE）平均值为 0.665。其中，23 家绿色食品农业龙头企业处于规模效率递增阶段，占 65.8%；六家企业处于规模效率不变阶段，占 17.1%；六家企业处于规模效率递减阶段，占 17.1%。

（3）绿色食品农业龙头企业纯技术效率有待提高。35 家绿色食品农业龙头企业的纯技术效率（PTE）平均值为 0.751，28 家绿色食品农业龙头企业的纯技术效率为 DEA 无效，占 80%，只有 20%的企业其纯技术效率 DEA 有效。上述结论证实了我国绿色食品农业龙头企业相对绩效普遍偏低的现实情况。

第四节　扶持政策对绿色食品农业龙头企业相对绩效影响分析

一、变量选取与模型设定

在考虑绿色食品农业龙头企业特征的基础上，本书选取总资产（ZC）、企业职工人数（ZG）、生产基地面积（JT）、绿色标志产品个数（LB）、贷款贴息（TX）、品牌补贴（PP）、生态基地补贴（JB）和税收减免（SJ）作为自变量；选取企业的生产效率（TE）均值以及纯技术效率（PTE）、规模效率（SE）作为因变量，对相关影响因素的绝对变量取对数，建立以下回归模型：

$$\ln TE = b_0 + b_1 \ln ZC + b_2 \ln ZG + b_3 \ln JT + b_4 \ln LB + b_5 \ln TX + b_6 \ln PP + b_7 \ln JB + b_8 \ln SJ + \varepsilon \qquad \text{式（8–6）}$$

$$\ln PTE = b_0 + b_1 \ln ZC + b_2 \ln ZG + b_3 \ln JT + b_4 \ln LB + b_5 \ln TX + b_6 \ln PP + b_7 \ln JB + b_8 \ln SJ + \varepsilon \quad 式（8-7）$$

$$\ln SE = b_0 + b_1 \ln ZC + b_2 \ln ZG + b_3 \ln JT + b_4 \ln LB + b_5 \ln TX + b_6 \ln PP + b_7 \ln JB + b_8 \ln SJ + \varepsilon \quad 式（8-8）$$

二、计量结果分析

（一）模型 1 结果分析与解释

从表 8-2 可知，模型 1 的 F 统计量为 16.9，Durbin-Watson 为 2.1。总体通过检验。具体结果分析如下：

（1）非政策因素对绿色食品农业龙头企业相对绩效的影响。其一，总资产投入与生产效率显著正相关。这表明总资产越多，其生产效率越高。其二，总员工人数与生产效率正相关，但不显著。其三，生产基地面积与生产效率存在显著正相关。这表明，绿色食品农业龙头企业基地的面积越大，其生产效率越高。其四，绿色食品标志数量个数与企业生产效率负相关。这意味着，农业龙头企业绿色食品的开发程度越高，反而降低了其生产效率。

（2）政策因子绿色食品农业龙头企业相对绩效的影响。其一，贷款贴息政策与企业生产效率显著正相关。这表明，贷款贴息政策对于提升农业龙头企业生产效率发挥积极作用。其二，品牌补贴与企业生产效率关系不显著。这意味着品牌补贴政策对于提升农业龙头企业生产效率的效果不明显。其三，生态基地补贴与企业生产效率关系不显著，这表明该项扶持政策对于提升农业龙头企业生产效率的效果不明显。其四，税收减免与企业生产效率显著正相关。这表明该项扶持政策措施对于提升农业龙头企业生产效率的效果明显。

表 8-2　扶持政策对绿色食品农业龙头企业相对绩效影响的计量结果

变量	lnTE		lnPTE		lnSE	
	系数	T 值	系数	T 值	系数	T
常数	-2.09^{*}	1.89	−5.11	0.901	-1.97^{***}	3.89
lnZC	0.045^{***}	4.3	0.23	1.09	0.077^{*}	2.06
lnZG	0.34	0.081	-0.66^{*}	1.78	0.28	1.02
lnJT	0.012^{***}	6.02	0.033	1.29	0.63^{**}	2.00
lnLB	-0.081^{*}	1.98	−0.231	1.42	-0.12^{*}	1.96

续表

变量	lnTE		lnPTE		lnSE	
	系数	T 值	系数	T 值	系数	T
lnTX	0.404***	3.45	0.222*	1.99	0.098***	5.97
lnPP	0.012	0.099	0.286	1.32	0.107	0.278
lnJB	0.09	1.33	0.141	0.099	0.182*	2.00
lnSJ	0.213*	1.90	0.129***	3.89	0.088*	1.77
F 统计值	16.9		3.9		25.2	
Durbin-Watson	2.10		2.23		2.37	

注：***、** 和 * 分别表示在 1%、5%和 10%的统计水平上显著。

（二）模型 2 结果分析与解释

从表 8-2 可知，模型 2 的 F 统计量为 3.9，未通过检验。具体结果分析如下：

（1）非政策因素对绿色食品农业龙头企业纯技术效率的影响。其一，总资产投入与企业纯技术效率正相关，但不显著。这表明总资产越多，其纯技术效率并非越高。其二，总员工人数与企业纯技术生产效率显著负相关，这表明企业员工人数越多，可能导致纯技术效率下降。其三，生产基地面积与企业纯技术效率正相关，但不显著。因此，不能肯定增加绿色食品农业龙头企业基地面积就能促进纯技术效率的提高。其四，绿色食品标志数量个数与企业纯技术效率成相关，但不显著。

（2）政策因子对绿色食品农业龙头企业纯技术效率的影响。其一，贷款贴息政策与企业纯技术效率显著正相关。这表明，贷款贴息政策对于提升农业龙头企业纯技术效率发挥积极作用。其二，品牌补贴与企业纯技术效率关系不显著。这意味着品牌补贴政策并不利于提升农业龙头企业纯技术效率。其三，生态基地补贴与企业纯技术效率关系不显著。这表明该项扶持政策并不利于提升农业龙头企业纯技术效率。其四，税收减免与企业纯技术效率显著正相关。这表明该项扶持政策措施有利于提升农业龙头企业纯技术效率。

（三）模型 3 结果分析与解释

从表 8-2 可知，模型 3 的 F 统计量为 25.2，Durbin-Watson 为 2.37，总体通过检验。具体结果分析如下：

（1）非政策因素对绿色食品农业龙头企业规模效率的影响。其一，总资产投入与企业规模效率显著正相关。这表明总资产越多，其规模效率越高。其二，总员工人数与规模效率正相关，但不显著。其三，生产基地面积与企业规模效率显著正相关。这表明，绿色食品农业龙头企业基地面积越大，其规模效率越高。其四，绿色食品标志数量个数与企业规模效率显著负相关。这表明，农业龙头企业开发绿色食品越多，企业规模效率越低。

（2）政策因子对绿色食品农业龙头企业生产效率的影响。其一，贷款贴息政策与企业规模效率显著正相关。这表明，贷款贴息政策对于提升农业龙头企业规模效率发挥积极作用。其二，品牌补贴与企业规模效率关系不显著。这意味着品牌补贴政策并不利于提升农业龙头企业规模效率。其三，生态基地补贴与企业规模效率关系显著。这表明该项扶持政策有利于提升农业龙头企业规模效率。其四，税收减免与企业规模效率显著正相关。这表明该项扶持政策措施有利于提升农业龙头企业规模效率。

第五节　研究结论、讨论与建议

一、增加资本要素有利于提升规模效率，但不利于提升纯技术效率

模型 2 和模型 3 结果显示，总资产与企业规模效率显著正相关，总资产与企业纯技术效率虽正相关，但不显著。这说明企业总资产越多，企业规模效率越好。但不能推出，企业总资产越多，企业纯技术效率越高。这是因为，企业纯技术效率反映了在既定技术进步条件下，企业应用和推广技术的水平和效果，这与企业管理效率密切相关。因此，我们建议，可以通过增加资本要素来提升企业规模效率，最终达到推动企业生产效率提升的目的。

二、扩大土地要素有利于提升规模效率，但不利于纯技术效率提升

模型 2 和模型 3 结果显示，生产基地面积与企业规模效率显著正相关，生产基地面积与企业纯技术效率虽正相关，但不显著。这说明企业基地面积越大，企业规模效率越好。但不能推出，企业基地面积越大，企业纯技术效率越高。虽然

如此，模型 1 结果显示，基地面积与企业生产效率显著相关。这说明，增加土地要素总体上会提升企业生产效率。因此，我们建议，可以通过增加土地要素来提升企业规模效率，最终达到推动企业生产效率提升的目的。

三、增加劳动力生产要素将降低企业纯技术效率，提升企业生产效率的效果也不明显

模型 2 结果显示，企业总员工数量与企业纯技术效率显著负相关。这说明，企业员工数量越大，企业纯技术生产效率越低。这可能因为，许多农业龙头企业属于劳动密集型企业，员工数量多、素质低，且许多企业存在人员冗余现象。此外，模型 1 和模型 3 结果显示，企业总员工数量与企业生产效率及规模效率的相关性不显著。因此，提高员工素质、精简员工数量、合理配置劳动力资源是提高企业生产效率的重要途径。

四、“漂绿”可能是农业龙头企业开发绿色食品的重要动机

从上述三个模型可以看出：农业龙头企业绿色食品标志数量与生产效率、技术效率和规模效率显著负相关。这说明，农业龙头企业绿色食品开发强度越大，企业生产效率、技术效率和规模效率反而越低。为什么呢？一个可能的解释是：农业龙头企业获得绿色食品后，便停止开发绿色食品，这会降低其生产成本。但同时由于农业龙头企业已经是“绿色食品企业”，可以名正言顺地对外宣称其产品为绿色食品。由于绿色食品市场是典型的“柠檬市场”，消费者不能快速鉴别产品是否为绿色食品，就会视所有产品为绿色食品，这样就可能促进企业产品销售。这是典型的“漂绿”行为。这种“漂绿”行为实际上促进企业销售规模增大，但扰乱了绿色食品市场秩序，侵害了消费者利益。

五、专用型绿色食品扶持政策对农业龙头企业相对绩效的影响效果不佳

绿色品牌补贴政策和生态基地补贴政策属于绿色食品产业专用扶持政策（只对绿色食品农业龙头企业进行扶持）。研究结果表明：虽然绿色食品品牌补贴政策与企业生产效率、技术效率和规模效率正相关，但不显著。生态基地补贴只与

企业规模效率存在显著相关，但与企业纯技术效率及企业生产效率的相关性也不显著。为什么会这样？一个可能的解释是：专用性绿色食品扶持政策能够促进其绿色开发程度的提升，但农业龙头企业绿色食品开发程度的提高，可能导致其生产成本提高，从而降低生产效率。总体来说，专用性绿色食品扶持政策不利于农业龙头企业效率水平的提升。因此，扶持政策要根据农业龙头企业绿色开发程度来进行差别扶持，绿色食品开发程度越高，政府扶持资金和扶持力度要相应增加，以弥补其产品创新带来的费用增加，避免企业陷入产品创新的“失败性陷阱”。

六、通用性扶持政策对提升绿色食品农业龙头企业效率作用效果较好

贴息贷款政策和税收减免政策是通用性农业产业扶持政策。这两项扶持政策是针对所有农业龙头企业的扶持政策，只是绿色食品农业龙头企业在获取政策支持时具有优先权。研究结果表明，这两项政策与绿色食品农业龙头企业规模效率、纯技术效率及生产效率均显著正相关。这说明，贴息贷款政策和税收减免政策能够促进企业提升产能规模、改善企业管理效率，进而提升企业整体的生产效率。可能的解释是：一方面，贴息贷款可能促进企业增加土地、资本等要素投入，从而提高规模效率；另一方面，贴息贷款也有助于企业进行管理系统和流程再造，从而提升其纯技术效率，进而提升企业整体的生产效率。一方面，税收减免能够降低企业成本，提高企业利润，从而促进企业提高员工工资、提升员工积极性、提高纯技术效率；另一方面，企业也可能将利润转化为新的投资，提高规模效率，从而促进生产效率的提升。

第九章　扶持政策对绿色食品农业龙头企业绩效的影响机制研究

——基于江西省调研数据

本章采用结构建模方法，以绿色食品农业龙头企业为研究对象，实证研究扶持政策对企业绩效的影响机制。结果显示，扶持政策对绿色食品农业龙头企业绩效的直接影响效果显著，其路径系数为0.273。这说明，生态基地补贴、品牌补贴、贷款贴息、税收减免、科技支持等政策可以降低企业支出，增加企业利润，提升员工工资、股东收益和农户收入，进而增进企业绩效。但两条间接影响路径——“扶持政策→动态能力→企业绩效”及“扶持政策→产品策略→企业绩效”的作用效果不佳。主要原因是，扶持政策与企业动态能力及绿色食品策略与企业绩效之间关系不显著。因此，建议主管部门增加针对“企业动态能力”的扶持政策。同时，政府要加大监管力度，防止农业龙头企业的“漂绿”行为。

第一节　研究背景

20世纪90年代以来，我国绿色食品产业得到长足发展，绿色食品供给总量连续20多年处于增长态势。但绿色食品产业集中低、绿色食品企业规模小、生产效率不高也成为不争的事实。如何促进绿色食品农业龙头企业提升绩效，是当前绿色食品产业发展中面临的重要问题。长期以来，我国各级政府给予了绿色农业产业大力扶持。绿色食品农业龙头企业在获得扶持资金方面具有比普通农业龙头企业明显的优先权。这些扶持政策是否有利于提升绿色食品农业龙头企业绩效？我国扶持政策对绿色食品农业龙头企业绩效的影响路径和作用机制如何？本书对此做出回答。

我国学者对绿色食品农业龙头绩效的相关研究不多。在绿色食品产业研究领域，宋国宇（2011）分析了绿色食品产业发展影响因素的动态演进与发展机理，张婷（2014）就绿色食品生产者质量控制的影响因素进行了探索研究。国外学者较为关注绿色食品企业组织绩效问题。Anas Y. Alhadid 等（2014）指出，农业企业绿色产品创新对组织绩效产生正面影响。Wong S.（2012）指出，农业企业绿色产品竞争力对企业创新绩效产生显著影响。Zhu Q.，Sqrkis J. & Lai K.（2008）构建一个模型，测量了政策措施对绿色供应企业的绩效。总体来看，国内外关于“扶持政策与绿色食品农业龙头企业绩效之间关系”的研究非常少。

虽然我国学者对绿色食品农业龙头企业政策效率的研究不多，但对农业龙头企业政策效率的研究不少，但研究结论一直存在争论。林万龙、张莉琴（2004）的实证结果表明，农业产业化扶持政策缺乏效率。但朱湖根（2007）等的研究结果却表明扶持政策效果较好。之后，更多学者展开更为细致的研究，刘兆德（2011）和彭熠（2009）认为，财政税收优策可以缓解企业资金压力，虚高企业利润和综合绩效，但在一定程度上造成了企业经营效率和成长能力的下降。他们指出，农业公司补贴优惠政策使企业经营方式发生了改变，企业用政府补贴收入补偿公益性投入并以此作为稳定的利润来源。随着补贴收入的增加，企业对政府的依赖性逐渐加强，企业内部主营业务的盈利能力越来越差，主营业务趋向萎缩，竞争力逐渐减弱。这一观点虽被广泛引用，但很少有学者实证分析这一观点所蕴含的政策机理。本书将采用结构建模方法，以绿色食品农业龙头企业为研究对象，分析扶持政策对企业绩效影响路径及其作用程度，从而揭示扶持政策影响绿色食品农业龙头企业绩效机理，这将为优化我国绿色食品扶持政策提供重要理论依据。

第二节 相关理论与假设

一、扶持政策与农业龙头企业绩效关系的相关假设

企业绩效理论认为，外部环境因素和企业内部因素共同影响企业绩效。在农业领域内，扶持政策是影响农业龙头企业绩效的重要外部因素。沈晓明（2002）等认为，扶持政策可直接提高农业龙头企业的经济收入，这种直接影响属于外延式影响。朱湖根（2007）、张景样（2008）等认为，扶持政策提高企业动态能力、促进企业产品创新，从而增强企业绩效，这种间接影响属于内涵式影响。刘呈庆（2010）认为，农业龙头企业生产的普通农产品与绿色食品相比存在几个显著差异。其一，生产基地或环境存在差异。绿色食品对农业环境的要求很高，对土壤、水质、空气等要素的要求也很高。其二，农产品生产技术存在差异。绿色农产品生产过程中尽量使用生物方法防治病害，尽量少用农药，即使用农药也必须使用生物农药。其三，销售模式存在差异不同。绿色食品与普通食品的消费群体不同，企业需要采用不同渠道和不同营销手段来完成销售。农业龙头企业开发绿色食品行为本质上是其产品创新行为的表现。农业龙头企业绿色产品开发与其绩效有着重要的相关性。为此，我们做出如下研究假设：

H1：扶持政策有利于增进绿色食品农业龙头企业绩效。

H2：扶持政策有利于提升绿色食品农业龙头企业动态能力。

H3：扶持政策有利于提升农业龙头企业开发绿色食品的强度。

二、动态能力与企业绩效关系理论与假设

长期以来，如何赢得并保持竞争优势一直都是战略管理领域的核心问题。Prahalad & Hamel（1990）提出了企业核心能力的理论观点。然而，在日益动态变化的环境中，该学派观点无法解释以下现实问题：为什么有些企业能够在快速变化、不可预测的环境中继续保持竞争优势，而有些原本成功的企业却无可奈何

地衰落了？Teece（1997）引入了企业动态能力的概念。之后出现了战略观、资源观、文化观、知识观等不同动态能力定义。其中，资源观的研究更有代表性。Teece（1997）等认为，动态能力是企业适应外部环境的一种能力，是企业在外部环境变化传递信息的引导下，通过动态地更新和释放资源，协调、整合内外部关系和资源来适应环境的变化，最终提升企业绩效。

由此，我们假设：

H4：绿色食品农业龙头企业动态能力提升企业绩效。

三、产品创新与企业绩效关系理论及假设

学术界对产品创新与企业绩效关系一直存在讨论。部分学者认为，产品创新必然增加企业成本，并给企业带来风险，因此会陷入“失败陷阱”。但更多学者认为，产品创新将促进企业挖掘潜在市场和捕捉新的市场机会，从现有的技术改进曲线跃迁到新的技术曲线上，从而克服企业“核心能力刚性”困境，给企业带来差异化的竞争优势，使竞争对手短时间内难以模仿，并提升企业绩效。本书认为，农业龙头企业进行绿色食品开发是其产品创新行为的表现，其开发绿色食品的强度越大，企业绩效越高。因此，我们做出如下假设：

H5：农业龙头企业绿色产品开发强度与企业绩效正相关。

为验证以上假设，本书构建结构方程模型（SEM）对农业龙头企业绩效的影响因素进行实证分析，具体结构模型如图 9-1 所示。

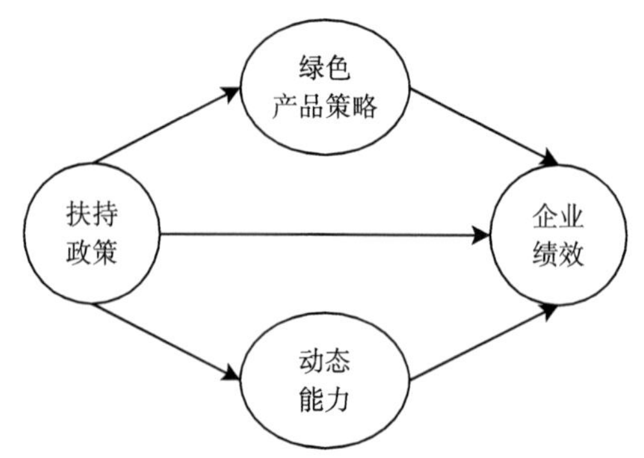

图 9-1　扶持政策对绿色食品农业龙头企业绩效的影响机制

第三节　数据来源、变量测量及描述性分析

一、数据来源

本书数据来源于两个方面：

第一，企业向各级农业龙头企业主管部门（农业产业化办公室和绿色食品发展中心）报送财务和统计报表。由于课题相关人员在农业主管部门工作，为课题提供了调研企业的相关财务和统计数据。

第二，实地访谈和问卷调查。课题组于 2014 年 7~10 月对江西省绿色食品农业龙头企业展开实地调研。涉及江西省 11 个地市 32 个县，调研了 138 个农业龙头企业，最终收回有效问卷 121 份，问卷有效率为 87.68%。

二、绿色食品农业龙头企业绩效测量及描述性分析

本书将采用客观与主观评价相结合的方法来测量绿色食品农业龙头企业绩效。具体来说，用企业销售收入、盈利水平、员工满意度、带动农户满意、股东收益满意度五个维度来衡量绿色食品农业龙头企业的绩效。其中，销售收入、盈利水平是客观指标；股东、员工、农户满意度是利益相关主体，其中满意度评价是主观绩效。变量测量的具体做法是，将绿色食品农业企业销售额、利润等财务增长指标转化为顺序级指标，形成顺序级变量。根据专家意见，利润率增长率由小于 0、0~5%、5%~10%、10%~15%、大于 15%转化为 1、2、3、4、5 分。销售增长率由小于 0、0~10%、10%~20%、20%~30%、大于 30%转化为 1、2、3、4、5 分。

此外，利用主观评价方法测定员工满意度、带动农户满意度、股东收益满意度。具体来说，采用李克特五级量表，给出一组陈述，回答选项设有“完全不同意”、“不同意”、“不一定”、“同意”、“完全同意”。分别对上述回答赋值为 1、2、3、4、5。被调查者根据自己对某事物的看法与态度进行回答，分值越高，表明受访者对该事物持越积极或肯定的态度。

结果显示，绿色食品农业龙头企业销售增长率平均分值为 4.07，但利润增长率平均值较低，只有 2.12。股东满意度平均值为 4.22，而员工满意度和农户满意度分别为 3.85 和 3.58，低于股东满意度平均值。

三、其他潜变量测量及描述性分析

本书设置了政策扶持、绿色产品策略、动态能力三个潜变量作为绿色食品农业龙头企业绩效的影响因素，由于潜变量不能直接观察与测量，需要通过观察变量来反映。动态能力测量变量采用李克特五级量表法，受访者对给出的一组陈述态度为“完全不符”、“不太符合”、“不确定”、“比较符合”、“完全符合”，分别赋值为 1、2、3、4、5（见表 9-1）。

动态能力包含动态信息利用能力、动态资源获取能力、动态内部整合能力、动态资源释放能力、动态外部协调能力五个维度。具体量表可借鉴曹红军、赵剑波（2008）量表。测量结果表明，动态信息利用能力平均分值为 3.78、动态资源获取能力平均分值为 4.15、动态内部整合能力平均分值为 3.28、动态资源释放能力平均分值为 3.81、动态外部协调能力平均分值为 3.29。

笔者（2012）认为，农业龙头企业绿色化程度可作为衡量绿色产品战略的关键指标。具体来说，可将绿色标志数量占总产品比率、绿色产品销售收入占总销售收入比率、绿色产品销售收入增长率作为农业龙头企业绿色化程度可测指标，再将测量值转化为顺序变量。根据专家意见，可将绿色标志数量占总产品比率、绿色产品销售收入占总销售收入比率指标分为 5 档，由小于 0、0~5%、5%~10%、10%~15%、大于 15%赋值为 1、2、3、4、5 分。将近三年企业绿色产品销售收入增长率转化为顺序变量。根据专家意见，由小于 0、0~10%、10%~20%、20%~30%、大于 30%转化赋值为 1、2、3、4、5 分。测量结果显示，绿色标志数量占总产品比率平均分值为 3.45，但绿色产品销售收入占总销售收入比率及绿色产品销售收入增长率平均得分较低，分别为 2.87 和 1.27。

最后，将各扶持政策的投入资金情况转化为顺序级指标，形成顺序级变量。根据具体经验，将近三年来生态基地补贴、品牌补贴、税收减免、贷款贴息、科技支持总金额按照 0~20 万元、20 万~50 万元、50 万~100 万元、100 万~200 万元、200 万元以上分为五档，分别赋值为 1、2、3、4、5。测量结果表明，生态基地补贴、品牌补贴、税收减免、贷款贴息、科技支持得分平均值为 3.26、2.28、4.01、4.49、2.81。税收减免和贷款贴息政策平均得分相对较高，而品牌补贴和科技支持平均分值较低。

表 9-1 测量变量描述性统计

因子	编号	测量变量	均值	标准差
扶持政策	A_1	生态基地补贴	3.26	0.37
	A_2	品牌补贴	2.28	0.12
	A_3	税收减免	4.01	0.56
	A_4	贷款贴息	4.49	0.88
	A_5	科技支持	2.81	0.34
绿色产品策略	B_1	绿色产品比率	3.45	1.10
	B_2	绿色收入比率	2.87	0.78
	B_3	绿色收入增长率	1.27	0.23
动态能力	C_1	信息利用能力	3.78	0.19
	C_2	资源获取能力	4.15	0.53
	C_3	内部整合	3.28	0.34
	C_4	资源释放	3.81	0.45
	C_5	外部协调	3.29	0.43
绿色食品农业龙头企业效率	D_1	销售收入增长率	4.07	1.41
	D_2	利润增长率	2.12	0.38
	D_3	员工满意度	3.85	0.40
	D_4	股东满意度	4.22	1.11
	D_5	农户满意度	3.58	1.08

第四节 实证分析

一、信度和效度检验

为了观察问卷各项目的内部一致性，即进行信度检验，通常采用 Cronbach's α 系数。一般认为 Cronbach's α 值在 0.7 以上时问卷的可信度较高。效度检验，是指测量工具或测量手段能够准确测量出所需测量事物的准确程度，通常用因子分析的载荷值来判断收敛效度和区别效度。一般认为，因子载荷值在 0. 5 以上，表示收敛效度高。

本书采用 SPSS 17.0 软件对变量的信度和效度进行分析，具体结果如表 9–2 所示。

表 9–2 变量信度、效度检验及因子分析结果

变量及题项	Cronbach's α	因子载荷	贡献率	累计贡献率
扶持政策	0.818		0.342	0.342
近三年获得生态基地补贴资金量		0.859		
近三年获得品牌补贴资金量		0.825		
近三年获得税收减免量		0.876		
近三年获得贴息贷款量		0.778		
近三年获得科技支持金额		0.846		
绿色产品策略	0.698		0.201	0.543
企业绿色产品个数占所有农产品比率		0.812		
企业绿色产品销售收入占总收入比率		0.740		
近三年绿色产品销售收入增长率		0.756		
动态能力	0.792		0.219	0.762
企业信息利用能力		0.781		
企业资源获取能力		0.853		
企业内部整合能力		0.866		
企业资源释放能力		0.738		
企业外部协调能力		0.802		
企业绩效	0.855		0.777	0.777
销售收入增长率		0.813		
利润增长率		0.805		
员工满意度		0.833		
股东满意度		0.801		
农户满意度		0.765		

结果显示：各扶持政策变量的 Cronbach's α 系数为 0.818，动态能力变量的 Cronbach's α 系数为 0.792，企业绩效变量的 Cronbach's α 系数为 0.855，这些变量的 Cronbach's α 系数均大于 0.7，绿色产品策略变量的 Cronbach's α 系数为 0.698，接近 0.7，这说明量表内部一致性较好。此外，KMO 值为 0.81，Bartlett 球形度检验的卡方值为 3349.2，因子载荷值大于 0.7，这进一步说明，本书采用的问卷具有较好的信度和效度。

二、因子分析

本书扶持政策、产品战略、动态能力三个潜变量共 13 个测量变量作为绿色食品农业龙头企业绩效的影响因素。由于问卷具有较好的信度和效度，测量变量的 KMO 值超过 0. 8，比较适合做因子分析。本书采用限定抽取公因子法做因子分析。输入因子数为 3，这 3 个公因子累计贡献率达到 76.2%，说明这 3 个因子对 13 个测量变量具有 76.2%的解释程度（见表 9-2）。

三、结构方程分析

（一）模型适配度检验

本书使用结构方程模型 AMOS 17.0 软件，对整体模型的拟合度进行了分析，总体拟合指标为：χ^2 /df 为 2.55、GFI 为 0.912、RMSEA 为 0.048、RMR 为 0.0435、CFI 为 0.921、NFI 为 0.931，这说明本书的结构方程模型具有非常理想的拟合度。

（二）结构方程模型计算结果分析

运用 AMOS 17.0 软件，在绿色食品农业龙头企业样本数据的基础上，分析扶持政策、产品策略、动态能力与绿色食品农业龙头企业绩效的整体作用关系，具体如图 9-2 所示。

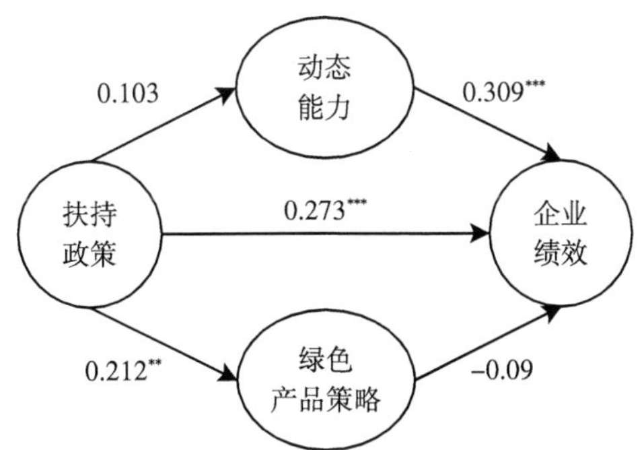

图 9-2 扶持政策对绿色食品农业龙头企业绩效的作用机制

注：*** 表示 p = 0.01；** 表示 p = 0.05。

表 9-3 反映了扶持政策、产品策略、动态能力对绿色食品农业龙头企业绩效影响的标准化系数及检验结果。

表 9–3　相关假设检验结果

假设	预期方向	标准化的参数估计值	T 值	检验结果
扶持政策→企业绩效（H1）	+	0.273***	4.01	成立
扶持政策→动态能力（H2）	+	0.103	0.76	不成立
扶持政策→产品策略（H3）	+	0.212**	2.07	成立
动态能力→企业绩效（H4）	+	0.309***	4.41	成立
产品策略→企业绩效（H5）	+	–0.09	1.45	不成立

注：*** 表示 $p = 0.01$；** 表示 $p = 0.05$。

结果表明：

（1）扶持政策对企业绩效产生直接影响。扶持政策对绿色食品农业龙头企业影响显著，其路径系数为 0.273（$T = 4.01$，$p < 0.01$），H1 得到支持，这意味着目前我国绿色食品扶持政策能够直接提升企业的绩效。

（2）扶持政策对绿色食品农业龙头企业绿色产品策略产生正面影响。其路径系数为 0.212，T 值为 2.07，参数估计值显著正相关，因此 H3 得到支持，这意味着我国绿色食品扶持政策能够促进农业龙头企业提升绿色食品开发强度。

（3）扶持政策对绿色食品农业龙头企业动态能力的影响效果不显著。结果显示，扶持政策对绿色食品农业龙头企业动态能力的路径系数为 0.103，但 $T = 0.76$，参数估计值不显著，H2 没有得到有效支持。这意味着并不能确定扶持政策对绿色食品农业龙头企业动态能力产生正面影响。

（4）动态能力对绿色食品农业龙头企业绩效产生正面影响。结果显示：动态能力对绿色食品农业龙头企业绩效影响的路径系数为 0.309，但 $T = 4.14$，参数估计值显著。H4 得到有效支持。这就意味着，其他条件一定的情况下，企业动态能力越强，企业绩效越好。

（5）产品策略对企业绩效的影响效果不明显。结果显示：产品策略对绿色食品农业龙头企业绩效影响的路径系数为–0.09，但 $T = 1.45$，参数估计值不显著，H5 没有得到有效支持。这就意味着，其他条件一定的情况下，绿色食品农业龙头企业绿色产品组合策略与其绩效关系不显著。这说明，即使农业龙头企业提升其绿色化程度，也未必能增加企业绩效，企业绩效甚至有可能下降。

第五节 结论与讨论

“扶持政策对绿色食品农业龙头企业绩效影响机制”实际包含三条路径，第一条是“扶持政策→企业绩效”影响路径；第二条是“扶持政策→动态能力→企业绩效”影响路径；第三条是“扶持政策→产品策略→企业绩效”影响路径。

根据上述研究结果，第一条影响路径通过了检验，是非常有效的路径。可能的解释是：生态基地补贴、品牌补贴、贷款贴息等能够直接增加企业现金收入，而税收减免可以减少企业支出，增加企业利润。企业利润增加有利于提升员工工资、股东收益和农户收入，进而增进企业绩效。

第二条影响路径和第三条影响路径并未通过检验。因此，扶持政策对绿色食品农业龙头企业的间接影响效应不明显。为什么扶持政策的间接作用机制失效？从第二条影响路径来看，虽然企业动态能力与企业绩效正相关，但扶持政策与绿色食品农业龙头企业动态能力之间的关系不显著。可能的解释是：企业获得的扶持资金可能没有投入企业进行信息化建设、设备改造、人员培训、流程再造及增强内部管理效能，其动态能力未得到提升。扶持资金已经成为农业龙头企业的利润来源，企业对扶持政策的依赖削弱了其提升动态能力的动力。

从第三条影响路径来看，虽然扶持政策与绿色产品策略显著正相关，但企业绿色产品策略变量与企业绩效非显著负相关。这意味着，扶持政策的确可能增进企业绿色食品开发，但农业龙头企业绿色食品开发程度越高，企业绩效并未越高，甚至可能越低。一个可能的解释是：农业龙头企业绿色食品开发程度越高，生产成本就越高。在信息不对称的情况下，农业龙头企业选择降低绿色食品开发强度以获取更高的利润。短期内，农业龙头企业会陷入“失败陷阱”。

第十章　市场导向对绿色食品农业龙头企业长期绩效的影响机制研究

市场导向对企业绩效影响一直存在着争论，而“市场导向—创新—企业绩效”的作用机理已经引起学界的广泛关注。在梳理相关文献的基础上，本书运用“市场导向结构—创新结构—绩效结构”研究思路，分解出两条逻辑链：“前瞻性市场导向—探索性创新—企业长期绩效”和“反应型市场导向—开发性创新—企业短期绩效”。本书以江西省绿色食品农业龙头企业为样本，实证检验了第一条逻辑链。结果显示：探索性创新在前瞻性市场导向对企业长期绩效影响中具有部分中介作用，从而揭示了前瞻性市场导向对企业长期绩效的影响机制，为化解市场导向对企业绩效影响的争论提供重要思路，也为企业适应经济新常态、提升其长期绩效提供理论依据。

第一节　研究背景

当前我国经济开始步入“新常态”。从宏观层面来看，经济从高速增长向中高速增长换挡，同时伴随着产业结构不断调整和优化；从微观层面来看，企业竞争压力增大、利润率不断下滑、企业经营绩效下降。如何提升企业绩效，尤其是提升企业长期绩效，是摆在我们面前的重要课题。

国内外学者关于企业绩效影响机制的文献非常多。一类是内部因素论，即强调企业营销能力、管理能力或核心竞争力是决定企业绩效的关键因素；另一类是外部因素论，即企业绩效受到宏观经济环境、产业环境及政策环境的严重影响，但更多研究倾向于内因起决定作用。企业绩效内部因素论中，“市场导向—企业绩效”的研究文献非常多。主流的观点认为，市场导向对企业绩效有显著影响，但也有不同的研究结论。为洞悉市场导向对企业绩效的作用机制，许多学者在两者关系植入中介变量。部分学者认为，企业可以通过加快产品创新，增进顾客对企业满意度，进而促进销售，从而提高企业绩效。因此就将创新作为市场导向与企业绩效的中介变量。由此，“市场导向—创新—企业绩效”的作用机理研究已经引起学界的广泛关注。然而，相关研究结论却存在着偏差。

第一，市场导向对创新影响研究结论不一致。Slater & Narver 等认为：市场导向能够促进企业创新。但 Hamel & Prahalad 认为，市场导向将企业置于“现有市场暴政”的境地，因为管理者仅通过当前顾客的目光看待这个世界，这将降低企业创新能力。

为了解释这一难题，Slater、Mac Lachlan 等学者提出将市场导向分为两个维度：反应性（Respinsive）和前瞻性（Proactive）。反应性市场导向关注顾客当前的显性需要，忽视顾客未来的潜在需要，削弱企业适应未来市场环境变化的创新能力，使企业陷入“核心能力刚性”困境中。前瞻性市场导向关注顾客潜在需求，有利于提升企业创新能力。但 Slater & Olson 等的研究结果表明：反应性市场导向与新产品开发绩效呈现“U”型的关系，而前瞻性市场导向与新产品开发绩效呈现倒“U”型关系。因此，反应性市场导向、前瞻性市场导向与企业创新之间关系非常复杂。为了进一步探索，市场导向与创新之间的关系，学者将创新分为两个维度，即开发性创新和探索性创新。Menguc & Auh 等研究者发现：反应性市场导向对开发性创新产生正面影响，前瞻性市场导向对探索性创新产生正面影响。

第二，创新与绩效的关系研究结论不一致。观点之一是产品创新有利于提升企业能力，提高企业绩效，这一观点得到许多学者的实证支持。但 Ketchen 和 Snow 等的观点是，由于创新产品需要较长时间得到市场检验、顾客接受，并且隐性知识扩散非常困难，许多企业将遭遇到“失败陷阱”。当前学界对创新双元理论的讨论非常多。典型观点有“替代论”和“互补论”。前者认为，探索性创新与开发性创新相互竞争，由于企业资源有限和组织惯性特点，若侧重探索性创新，必将以减少或阻碍开发性创新为代价；后者认为，开发性创新够加深对原有技术的认识，为探索性创新奠定基础，两者之间相辅相成。两种观点导致对创新与绩效关系的认识存在分歧。然而，创新结构差异是否导致绩效结构差异？这一命题却被忽视。笔者认为，企业绩效是一个综合概念，采用不同指标测量出来的数据相差较大。笔者认为，学者对“创新与绩效”之间关系争论不休的根源很可能是由对企业绩效认识差异引起的。如果将企业绩效划分为长期绩效和短期绩效，就可以分析创业结构差异与绩效结构差异逻辑关系，创新与绩效关系也许可在一个统一框架内得到解释。

根据上述分析，我们可进一步把市场导向—组织创新—企业绩效的逻辑链细化成两条逻辑链，前瞻性市场导向—探索性创新—企业长期绩效和反应性市场导向—开发性创新—企业短期绩效。企业通过协调前瞻性市场导向与反应性市场导向、探索性创新与开发性创新、短期绩效与长期绩效关系来获取可持续发展能力。鉴于篇幅限制，本书先通过实证分析方法，侧重探索研究前瞻性市场导向—探索性创新—企业长期绩效作用机制，力图为“市场导向—企业绩效”理论框架提供新的成果支持。

第二节 相关假说

一、前瞻性市场导向与探索性创新关系

前瞻性市场导向侧重于关注新顾客及顾客的潜在需求，是一种“由外及内”信息传递的观念导向，这有利于企业将顾客无法表达的信息通过创意的方式进行传播。前瞻性市场导向使企业更密切关注环境变化、把握未来趋势和市场机会。探索性创新与开发性创新存在本质区别。开发性创新是通过不断完善现有技术，对现有技术进行较小的改进，属于“慢步前进”。而探索性技术创新是对现有技术进行颠覆性改造或重建技术体系，属于“跳跃式快跑”，本质上促使原有技术曲线跃迁到新的技术曲线上。

如果将前瞻性市场导向与探索性创新组合起来，可理解为：企业为适应新环境、获取新的市场机会、满足顾客潜在需求，试图从一条技术曲线跃迁至另外一

条新的技术曲线上，实现技术上的根本性突破，达到创造新产品，实现新的价值空间。因而，在前瞻性市场导向—探索性技术创新的组合中，由于企业在技术和市场两个方面高度一致，我们可以做出如下假设：

H1：前瞻性市场导向促进企业探索性创新。

二、探索性创新与企业长期绩效关系

创新与企业绩效到底是什么关系？学界对这一问题展开了讨论。多数学者认为，探索性创新对于企业绩效的作用是不确定的。从短期来看，探索性创新必然增加企业成本，并给企业带来风险，因此会陷入“失败陷阱”。但从长远来看，探索性创新将促进企业挖掘潜在市场和捕捉新的市场机会，从现有的技术改进曲线跃迁到新的技术曲线上，有利于脱离企业的“核心能力刚性”困境，给企业带来差异化的竞争优势，使竞争对手在短时间内难以模仿，从而促进企业长期绩效的增长。

企业绩效是评价一定时期内经营效果的综合指标。根据不同维度可分为客观绩效和主观绩效、长期绩效和短期绩效等。由于企业管理人员基于商业敏感性或保密的考虑，可能不愿意透露企业业绩的具体数字（除上市公司外），学者常常采用主观绩效方法来测量绩效。长期绩效是指企业较长一段时期的经营效果，侧重于反映企业经营能力和成长能力，如采用顾客满意度、企业形象与声誉、产品质量、市场占有率等指标来测量。短期绩效更侧重于企业“企业盈利性”，如采用企业现金流量、企业利润增长率、销售增长率、投资回报率（ROI）和资产报酬率（ROA）等指标来衡量企业绩效。因此，企业绩效本身具有结构性差异，研究创新与企业绩效的关系，应该进行“结构化”处理。根据上述分析，我们可以做出假设：

H2：探索性创新对企业长期绩效具有促进作用。

三、前瞻性市场导向与企业长期绩效关系

市场导向与企业绩效的关系争论已久。主流观点认为，市场导向与企业绩效正相关。Hult & Ketchen 认为，市场导向提高了企业的市场敏感性，有助于企业对现有的顾客需求做出有效反应，从而产生更高的组织绩效。Jaworski & Kohli 以

美国的 102 家公司的 222 个战略事业单位为样本，采用 MARKOR 量表来度量市场导向，结果表明：市场导向与企业绩效正相关。但这一观点受到很多学者的质疑。市场导向关注顾客当前的显性需要而忽视顾客未来的潜在需要，导致企业在充分利用和提升现有能力的同时，削弱了企业适应未来市场环境突变的能力，从而使得企业长期绩效下降，甚至被市场抛弃，这种经济现象在现实中广泛存在。但 Narver 等修正原有市场导向概念，将市场导向为两类：前瞻性市场导向和反应性市场导向。前者以满足顾客潜在需求为导向，后者以满足顾客显性需求为导向。显然，企业满足顾客潜在需求的目的是关注长期市场，获取长远利益。而反应性市场导向，更倾向于满足顾客显性需求，其关注的是短期市场，获取短期利益。因此，我们可以做出如下假设：

H3：前瞻性市场导向对企业长期绩效具有正面影响。

四、探索性创新的中介作用

双元性创新的中介作用在企业绩效研究中得到广泛应用。根据前面的文献回顾，笔者认为，前瞻性市场导向是企业通过获取外部信息、整合和加工新知识、并驱动企业进行探索新产品来满足新的市场机会，从而提升企业绩效的过程。虽然企业绩效短期内可能受到影响，但从长远来说，企业技术曲线得到飞跃，有助于企业长期绩效的提升。因此，我们可以做出如下假设：

H4：探索性创新在前瞻性市场导向对企业长期绩效影响中发挥中介效应。

第三节 研究设计

一、样本选择和调研情况

绿色食品农业企业实际上大部分是由传统农业企业转型而来的。绿色食品生产技术有别于普通农产品生产技术，绿色食品消费人群也有别于普通农产品消费人群，属于金字塔顶端人群。对许多农业企业而言，生产绿色食品意味着探索性创新。本书采用江西省市级绿色食品农业龙头企业为样本，调研工作借助江西省农业厅农业产业化办公室和江西省绿色食品发展中心的力量。

先选取八家绿色食品农业企业进行预调查，问卷设计过程中与相关专家及企业家展开访谈，多次修改调查问卷文字及措辞，不断完善相关内容。根据预调查情况，最终确定调研方案，并于 2014 年 5 月至 2015 年 2 月，课题组对 250 多家绿色食品农业企业的董事长、总经理或高管团队进行调研。课题组采用电子邮件、电话访谈及直接访谈的方式调查 208 家企业，共回收有效问卷 182 份。所有企业均为市级绿色食品农业龙头企业。

二、变量测量

（一）前瞻性市场导向

本书采用 Narver & Slater 开发的测量两种不同类型市场导向的经典量表。该量表使用八个指标来测量前瞻性市场导向。

（二）探索性创新

本书采用 Gima（2005）研究中所用的探索能力量表来测量企业探索性创新，该量表使用五个指标分别来测量探索活动，企业探索性创新本质上是一系列活动。

（三）企业长期绩效

企业长期绩效是指企业较长一段时期的经营效果，侧重于反映企业的经营能力和成长能力，如采用顾客满意度、企业形象与声誉、产品质量、市场占有率等指标来测量。由于学界对长期绩效的研究侧重于上市企业，常常选取市盈率等指标。关于非上市企业长期绩效测量的量表不多。由于选取客观指标比较困难，本书将采用主观指标来测量，具体参考林义屏的研究，并借鉴 Lee & Choi 将绿色食品企业长期绩效分为四个测量项目。

三、信度和效度检验

本书采用 SPSS 17.0 软件对变量的信度和效度进行分析，具体结果如表 10-1 所示。

表 10-1 相关变量信度和效度检验

变量及题项	AVE	因子载荷	Cronbach's α	CR
前瞻性市场导向	0.828		0.891	0.808
帮助顾客预测市场的发展趋势		0.861		
不断努力发现顾客没有意识到的额外需求		0.823		
在开发新产品/服务时充分考虑顾客的潜在需求		0.888		
经常集体讨论顾客如何使用我们的产品/服务		0.769		
即使冒着使既有产品退化的风险，也要创新		0.837		
在有潜在顾客需求的领域内寻找机会		0.782		
探索性创新	0.676		0.822	0.859
获取对公司全新的制造技术与技能		0.803		
学习行业内全新的产品开发方法与流程		0.742		
获取全新的管理与组织方法从而提高创新的效率		0.766		
率先掌握某些领域的新技能		0.793		
提高在未知领域中的创新技能		0.765		
企业长期绩效	0.789		0.905	0.885
有助于未来顾客满意度提升		0.810		
有助于未来企业形象与声誉提升		0.845		
企业产品质量将得到提升		0.801		
企业市场占有率将得到提升		0.813		

结果显示：各变量的 Cronbach's α 系数均大于 0.7，这说明量表内部一致性较好。所有题项的标准因子载荷均大于 0.7，这说明量表具有较好的效度和区别度；且平均变异抽取量 AVE 均大于 0.5，组合信度 CR 均大于 0.8。此外，KMO 值为 0.751，这进一步说明，本书采用的问卷具有较好的信度和效度。

第四节 实证分析

一、相关分析

利用 SPSS 17.0 软件对前瞻性市场导向、探索性创新和企业长期绩效之间关系进行相关分析。

如表 10–2 所示，前瞻性市场导向、探索性创新和企业长期绩效三个变量显著相关。

表 10–2 前瞻性市场导向、探索性创新和企业长期绩效相关分析

项目	前瞻性市场导向	探索性创新	企业长期绩效
前瞻性市场导向	1		
探索性创新	0.645***	1	
企业长期绩效	0.393**	0.352**	1

注：*** 表示 p = 0.01；** 表示 p = 0.05。

二、中介检验

由于前瞻性市场导向、探索性创新和企业长期绩效三个变量显著相关，可考虑作中介检验。先利用 SPSS 17.0 软件对前瞻性市场导向、探索性创新对企业长期绩效做回归分析，结果如表 10–3 所示。

表 10–3 前瞻性市场导向、探索性创新对企业长期绩效回归分析

项目	标准化的参数估计值	T 值	F 值
前瞻性市场导向	0.370***	5.75	9.58
探索性创新	0.283***	3.47	7.80

注：*** 表示 p = 0.01。

本书使用结构方程模型 AMOS7.0 软件，对整体模型的拟合度进行了分析，总体拟合指标为：χ^2/df 为 2.66、GFI 为 0.930、RMSEA 为 0.045、RMR 为 0.043、CFI 为 0.921、NFI 为 0.929，这说明本书的结构方程模型具有非常理想的拟合度。

前瞻性市场导向、探索性创新和企业长期绩效的整体作用关系和转化路径检验结果如表 10–4 所示。

表 10–4 前瞻性市场导向、探索性创新和企业长期绩效之间影响路径关系

路径	标准化的参数估计值	T 值	路径显著性
前瞻性市场导向→探索性创新	0.254***	3.48	显著
探索性创新→长期绩效	0.212**	2.25	显著
前瞻性市场导向→长期绩效	0.203**	2.06	显著

注：*** 表示 p = 0.01；** 表示 p = 0.05。

结果表明：前瞻性市场导向对探索性创新有正向影响，并且影响显著，其路径系数为 0.254（$T = 3.48$，$p < 0.01$），H1 得到支持；探索性创新对企业长期绩效有正面影响，其路径系数为 0.212（$T = 2.25$，$P < 0.05$），H2 得到支持；前瞻性市场导向对企业长期绩效显著影响，其路径系数为 0.203（$T = 2.06$，$P < 0.05$），H3 得到有效支持。

从表 10-3 与表 10-4 可以看出，未加入中介变量的回归系数为 0.370，加入探索性创新中介变量后，回归系数为 0.203，回归系数明显变小。这说明，探索性创新在前瞻性市场导向对企业长期绩效的正面影响过程中起部分中介作用，中介效应明显。

三、结构路径图

根据上述研究，我们可以画出前瞻性市场导向、探索性创新和企业长期绩效关系的结构路径图，如图 10-1 所示。

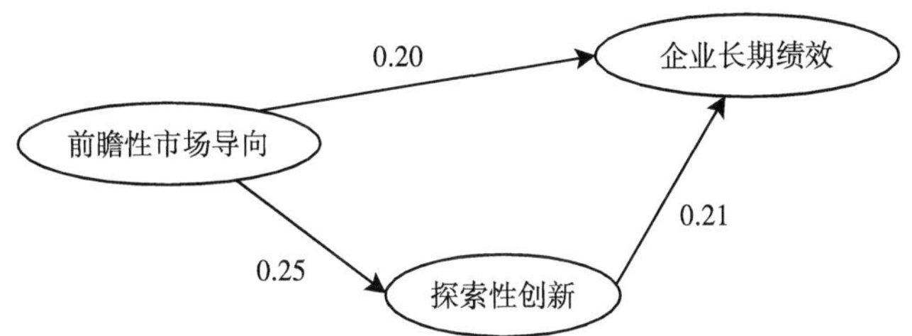

图 10-1　前瞻性市场导向、探索性创新和企业长期绩效关系的结构路径

第五节　结论、理论贡献与不足

一、两点结论与启示

（一）市场导向是企业获得长期绩效的关键因素

任何一个企业要想立于不败之地或做“百年老店”，一定要坚持市场导向。

随着社会、经济和技术结构不断变化，企业面临的不确定性不断增强，运用市场导向观念不断了解消费者需求、满足消费者需求是始终不变的关键所在。这是因为：一方面，市场导向直接影响企业长期绩效；另一方面，市场导向会通过影响企业探索性创新，进而影响企业长期绩效。这两条路径的作用效果都非常明显，都离不开企业的市场导向作用。因此，任何一个企业都要加强和培育市场观念，沉下心来，密切了解市场需求，与消费者形成紧密关系，并将“消费者是上帝”的观念贯彻到企业运作过程的每一环节。

（二）探索性创新有利于企业获得长期绩效

虽然许多研究认为，创新对企业绩效影响不显著，甚至负相关。但本书通过厘清“创新结构”与“绩效结构”关系，实证分析“探索性创新与企业长期绩效”关系，并检验其在市场导向对企业长期绩效影响过程中的中介作用。结果表明：探索性创新有明显的中介效应。这告诉我们，尽管探索性创新对整体绩效的影响不确定，但一定对长期绩效产生正面影响。以市场导向为引领、加强探索性创新是企业谋求长期发展的重要路径。

二、理论贡献与不足

在梳理“市场导向对企业绩效影响”相关文献的基础上，运用“市场导向结构—创新结构—绩效结构”的研究思路，分解出两条逻辑链：“前瞻性市场导向—探索性创新—企业长期绩效”和“反应型市场导向—开发性创新—企业短期绩效”。本书实证分析了第一条逻辑链，并证实了探索性创新在前瞻性市场导向对企业长期绩效影响中具有部分中介作用，这也证实了相关预期假设。总之，该结果对于化解“市场导向与企业绩效关系”的争论有着积极意义。本书的不足之处是没有实证分析第二条逻辑链，这也是今后努力的方向。

第十一章　绿色食品产业扶持政策需求调研

——基于企业视角

第一节　预调查典型绿色食品农业龙头企业

一、国家级绿色食品农业企业

——江西省银河杜仲开发有限公司

江西省银河杜仲开发有限公司成立于1997年9月，2002年改制为民营股份制企业。公司主要从事杜仲资源利用和杜仲产品开发。2003年以来一直被评为农业产业化经营省级龙头企业。2008年被省委、省政府授予“全省优秀农业龙头企业”称号。2009年庆祝新中国成立60周年前夕，在省委、农工部等三部门组织的评选活动中，经过公众投票和专家评审，被评选为“江西十佳农业企业”。公司是中国杜仲开发协会会员单位、中国农学会产业化分会理事单位、中国畜牧业协会猪业分会常务理事单位。中央电视台七套在《致富经》、《科技苑》栏目中先后报道了公司发展杜仲健康产业的情况和“格林米特”杜仲生猪健康养殖的典型经验。公司坚定不移走杜仲开发之路，先后开发了以杜仲皮为主要原料的鹤寿牌杜仲茶、鹤寿牌杜仲酒、杜仲凉茶。为充分利用本地丰富的杜仲资源，又开发了以杜仲为添加剂的杜仲饲料，形成了以杜仲生猪养殖和深加工为主导的产业经营格局。“格林米特”杜仲生猪于2008年5月22日获得中国绿色食品发展中心颁发的绿色食品认证，成为全国生猪养殖行业中首家获得绿色食品认证的企业，并获得“江西省名牌农产品”的称号。杜仲茶被评为江西名牌产品，鹤寿商标被评为江西省著名商标，杜仲酒被评为江西省优质酒。公司下有绿色杜仲生猪养殖基地、杜仲饲料厂、杜仲茶厂、杜仲酒厂。同时采取“公司+基地+农户”的模式带动农户发展杜仲种植和杜仲生猪养殖，呈现出产业规格不断扩大、品牌效益不断提升、农户收入不断增加的良好发展局面。

二、国家级龙头企业

——江西德宇集团

江西德宇集团地处景德镇市西南郊区，总占地面积 7600 亩，紧靠 206 国道公路线，固定资产 5.5 亿元，2007 年销售收入 3.3 亿元，水、陆、空交通运输十分便利。现有职工 428 名，其中，科技和工程技术人员 96 人，具有高级职称的 39 人，具有中级职称的 48 人，具有初级职称的技术人员 49 人，具有较强的科研和技术开发能力。创七项国家发明专利、十项外观设计专利。先后荣获国家及省部级科技奖励 20 余项，其中，“景德板鸡制作方法”、“绿茶生物保鲜技术”连获国家和省市科技进步奖以及技术发明奖。先后开发了景黄鸡品种、景德板鸡、景德板鱼、得雨活茶、得雨纯天然营养素、得雨紫杉醇、白花檵木链式黄酮等多项产品和技术。在长年的科研和生产实践中培养了一批具有一定素质的家禽饲养和农产品深加工技术工人，而且建立了一整套切实可行的生产经营管理办法。现已发展成为集科研、开发、生产加工、销售服务于一体的产业集团。

江西德宇集团于 1999 年 12 月被省科委认定为江西省区外高新技术企业，2000 年被国家农业部、原国家发展计划委员会等八部委列入全国 151 家农业产业化重点龙头企业，2002 年被科技部评为科技创新型星火龙头企业。到 2007 年 12 月，已带动 27 万余户农户 3.5 万亩基地从事茶叶和景黄鸡养殖生产，以基地建设为带动方式，带领农户走上富裕之路。胡锦涛、吴官正、贾庆林、尉建行、李鹏、朱镕基、刘华清等先后亲临集团视察，对“景德板鸡”、“得雨活茶”、“得雨紫杉醇”、“得雨链式黄酮”、“得雨营养素”、“五色蔬菜晶”等系列产品和“公司加农户”的组织形式给予了高度评价，“景德板鸡”被朱镕基誉为“中国第一板鸡”。

30 年科技起家，20 年呕心沥血，群策群力打造雨活茶的生物保鲜工艺。400

余公司员工，立志在5000年历史文化的浩瀚沧海里，以得雨活茶的精品质量，一枝独秀于茶人、茶事、茶海，为后5000年更加灿烂的茶文化而领跑五湖四海，为扬国粹抚茶魂而努力，承前启后，再添新章。公司集高中级科技人才，携员工风雨同舟，共哺得雨之基业。公司坐落在江西景德镇市昌江之畔，南山脚下，700亩厂区依山傍水，1万株古木满目苍翠。20年来公司以得雨活茶为主业，辅有朱镕基称为的“中国第一板鸡”开创酵酶工艺先河，派生出40余项天然、有机的绿色食品产品。

近年来，公司全力筹措优质的得雨矿泉水和原汁原味、与众不同、货真价实的得雨茶饮料以及高科技的晶体保健食品。目前已完成中试，呼之欲出。在未来的食品世界里，得雨公司一定会求真务实，把食品安全放在首位，引导健康潮流，竭尽科技所能，虔诚地为人类的健康服务。

三、省级农业龙头企业

——安远县安圣达果业有限公司

安远县安圣达果业有限公司成立于2005年，公司主要从事脐橙、蜜桔的种植、加工、冷藏、销售工作。下辖公司有苹果、梨、各种蜜桔、柚子、荔枝、哈密瓜、红提等水果的国际贸易及塑料制品生产销售。公司占地72000平方米，已建设厂房、冷库、仓库、办公楼、宿舍及食堂共38000多平方米。脐橙、蜜桔、蜜柚三个种植基地共130000余亩，冷库储藏能力达20000吨。公司引进两台法国MAFRODA公司生产的每小时打蜡分级包装50吨的光电水果分选线，年加工能力达20万吨，总投资超亿元。

公司已获“自营和代理进出口权”，被江西省农业产化经营工作领导小组认定为“省级龙头企业”，被江西省发展绿色食品领导小组认定为“三百山赣南脐橙全省绿色《有机》食品十强品牌”，被国务院扶贫开发领导小组办公室认定为“国家扶贫龙头企业”，被中国农业发展银行江西省分行认定为“AA+级企业”，被赣州市人民政府评为“优秀企业”，已通过质量管理体系符合标准：GB/T19001-2000-ISO 9001：2000认证等称号。

公司下辖深圳金安达农业技术开发有限公司、深圳安达果品批发行、深圳市金丰泰柑桔加工厂、安远县安圣达塑料制品厂、安远县安圣达冷链物流有限公司、安远县镇岗脐橙基地、镇岗罗山蜜桔基地和凤山蜜柚基地八家企业，现有员工 5000 余人，2009 年销售赣南脐橙 180000 吨，其中出口 90000 吨，全年贸易总值 6 亿多元。

公司始终坚持视产品质量为生命，以市场为先导，树立品牌为前提，广交客商，服务农民，面向全国，走向世界。目前公司的产品销往俄罗斯、美国、加拿大、法国、英国、伊朗、迪拜、马来西亚、新加坡、泰国、越南等国家和地区以及国内各大中城市，深受广大消费者的青睐，取得了广大客商的高度评价和赞扬，公司建立了完善的质量管理体系与市场追溯机制，制定了绿色脐橙种植操作规程、加工操作规程、基地管理办法、质量管理手册、成品条码标识等规程规章。公司从基地建设、种植管理、采购贮藏、加工、包装、运输、销售的每一个环节都严格按照国家绿色食品生产标准执行，从而确保了产品的质量。近几年来公司的销售不断增加和先进的加工设备、完善的配套设施完全可以满足不同层次客商的要求，满足各个品种单一规格、单一等级的供应。

四、省级农业龙头企业

——江西利康绿色农业有限公司

江西利康绿色农业有限公司位于江西入闽的东大门黎川县陶瓷工业园，是从事食用菌良种选育、新技术推广、食用菌产品研发和生产的加工型企业，企业多次被评为省市农业产业化优秀龙头企业，2005 年被江西省政府确认为农业产业化省级龙头企业。

江西利康绿色农业有限公司主要产品有茶树菇、金针菇、杏鲍菇等食用菌产品系列。茶树菇、杏鲍菇有干鲜品，干品类有袋装、盒装、箱装等多种款式，鲜品类有不同规格的箱装产品。公司直接投资建设经营管理的基地有八个，通过合作社社员建立起来的能稳定提供企业产品的基地规模达年产 8000 万袋；建有标准化菌种培育房 3000 平方米，年可供应优质菌种 80 万袋（瓶）；研发出利用棉籽壳、谷壳、芦苇等替代木屑生产茶树菇的配方，在全县应用推广；采取“公司+农户”和“公司+合作社+农户”的形式与农户签订产品回收合同，回收农户食用菌产品。江西利康绿色农业有限公司开展鲜菇保鲜加工，茶树菇、金针菇等鲜菇保鲜产品自上市以来，产品供不应求，产品已销售南昌、武汉、深圳、杭州、上海等大城市，申请了“仁旺”牌注册商标。

江西利康绿色农业有限公司秉承科技为先、质量取胜、以菇兴业、走向全球的经营理念，按食品 GMP 标准设计建设年加工食用菌 10000 吨的规模，建成集技术培训、栽培示范、产品加工和研发的综合型大厂区，公司已与 12000 多户菇农建立了“公司+农户”和“公司+合作社+农户”的网络，在全国各大城市设立了销售窗口，并与国内及国际同行建立了长期的业务关系。

五、省级农业龙头企业

——江西丰达农业发展有限公司

江西丰达农业发展有限公司成立于 2010 年 5 月，是一家以“生态农业”为核心、以“金融、文化”为两翼的现代复合型农业企业。自成立以来，公司秉承“以科技为先导，以创新求发展，以质量求生存，以诚信为基石”的方针，用短短数年时间，实现了脱胎换骨的蜕变和超常规发展，产品受到消费者的欢迎和市场的青睐，热销全国各地乃至韩国。江西丰达农业发展有限公司也先后荣获省级民营科技企业、省级龙头企业、吉安市首家企业信用评价 AAA 级信用企业等多项荣誉。

江西丰达农业发展有限公司的董事长廖晋德和总经理肖冬华都是万安本土的“70 后”农村创业青年，两人在创业路上都瞄准了绿色生态农业，多年致力于发展大棚蔬菜、食用菌并取得了一定成功。为了把产业进一步做大做强，2010 年两个有着共同创业梦想的年轻人一拍即合，共同创建了江西丰达农业发展有限公司，注册资金 5000 万元。

两个农村出身的年轻人对农村、农民怀有深厚感情，公司宗旨是：为农民致富做实事，为农村建设做贡献，为农业发展立标杆。公司成立以来，着力发展井冈蜜柚、竹荪菇、种桑养蚕、水产孵化四大产业，采用“公司+基地+合作社+农户”运营模式，下设“翠丰蔬菜专业合作社”、“丰翠蜜柚专业合作社”、“佳惠竹荪专业合作社”、“安明鱼苗培育合作社”四个合作社。公司免费为社员提供种苗、提供技术指导，保护价回收，目前每个合作社都吸引了 100 多户农民参加，形成了一个范围广阔的联合体。通过几年的发展，由于产品品质优良而获得消费者一致好评，远销十几个省市，还吸引了意大利和韩国的客商前来签订合同。目前公司四大产业年销售额达到 3.65 亿元，辐射带动了一大批农民迈入了致富快车道。

随着日新月异的经济发展形势，原有的发展模式已满足不了公司发展的需要，需要一个新的撑杆来实现新的腾跃。延伸链条丰富产品线、发展电子商务成了必然的也是最好的选择。

近年来，为开发建立农产品深加工生产线，提升农产品的附加值，江西丰达农业发展有限公司先后与浙江省杭州市常青食药用菌研究院、福建南海集团、浙江永康市食用菌研究所、福建省将乐县深山来农产品专业合作社、江西省农业科学院、吉安市农业局建立了合作关系，拥有强大的技术团队。先后注册成功了"丰达行"、"嫂子情"、"万翠"、"吉柚美"等品牌商标，联合开发推出了"吉柚美"牌抗衰老精油、"吉柚美"系列洗发露、蜜柚果脯、蜜柚茶等 10 多款深加工产品，产品深受消费者青睐。为了开拓更多更大的市场，2015 年，公司在上海松江区成立了"上海上雄集团有限公司"、"凸破网络有限公司"和"上海标马众创空间管理公司"。在全国各地开设丰达农产品体验店达 500 多家。

产品线的丰富，为公司发展电子商务销售打下了基础，2015 年江西丰达农业发展有限公司在万安县电商科技产业孵化园成立了更加专业的电商营销部，电子商务每年销售近千万元。还在北京、上海等地建立了办事处并成立了研发中心和电子商务中心，充分响应了李克强总理提出的新"O2O"发展销售模式，丰达农业已走在农业企业发展的前沿。

2011 年，丰达响应国家大力发展绿色生态农业精神，按照省"南橘北梨中柚"发展大格局规划，由县政府主导，在地理位置优越的万安县五丰镇荷林村规划建设万亩井冈蜜柚休闲养老产业园，项目建设用地 1 万余亩，总投资 12 亿元。一幅壮大的发展蓝图正在徐徐展开：规划建设井冈蜜柚等水果基地 8000 亩，竹荪菇等食用菌基地 4000 亩，黄颡鱼等特种水产养殖基地 1000 亩，兰花等花卉种植示范区 1000 亩，野猪等野生动物养殖示范区 4000 亩，万米农耕文化长廊、景观景点 100 个，休闲娱乐区 2 个，农产品饮食文化展示区 1 个。项目从 2011 年开始实施，已完成投资 8000 多万元。井冈蜜柚种植规模扩展到 5800 多亩，2015 年已经陆续挂果，预计 2017 年进入丰产期，已成为市、县的示范基地。

六、省级农业龙头企业
——江西赣森绿色食品股份有限公司

江西赣森绿色食品股份有限公司是一家集生产、销售、研发于一体的绿色食品新型农业经济主体综合开发企业。现为江西省农业产业化经营龙头企业、江西省林业龙头企业、守合同重信用AAA企业、全国食品工业优秀龙头企业、民营科技企业，旗下拥有“赣森”、“谷御”、“桃墅嫩蕊”、“浮北磻溪”等知名品牌。长期以来，江西赣森绿色食品股份有限公司秉承“播撒绿色种子、坚守绿色品质、推崇绿色生活、成就健康人生，社会价值大于商业财富”的发展观，坚持“绿色产业链”的发展战略，通过着力于自身经营，倡导与社会、自然、环境的和谐发展。目前，江西赣森绿色食品股份有限公司在天津股权交易所三板上市挂牌，成为景德镇市第一家在天交所上市的农业企业。这标志着景德镇市传统的绿色食品行业进入了资本市场，更代表了浮梁茶迈入新的辉煌。

江西赣森绿色食品股份有限公司原料基地位于赣皖交界处的江西省景德镇市浮梁县，地处神奇的黄金北纬30度地带，森林覆盖率近80%，其独特的自然环境和丰富的森林资源，有“八山半水一分田，半分道路和庄园”之称，当地特产瓷器、茶油、茶叶等农副产品从古至今名扬中外，有“一瓷二茶三茶油”之称。公司6.6万亩有机油茶林基地系天然野生长成，自花开到果实成熟，不施加任何化肥、农药；全县10万亩有机茶园基地平均海拔在800米以上，茶树生长季节终日云雾缭绕，成就了地域独特的兰花香味。

江西赣森绿色食品股份有限公司现有食用油生产加工基地和茶叶生产加工基地。食用油生产加工基地位于浮梁县三龙镇，采用物理冷榨技术、先进精炼技术、自动灌装等先进工艺技术的茶油、食用调和油加工生产线；茶叶生产基地位于浮梁县蛟潭镇，拥有先进的绿茶生产线、紧压茶生产线、红茶生产线。公司严格按照优质、生态、安全、高产、高效的要求对产品深加工全过程进行质量控制。

江西赣森绿色食品股份有限公司将科技创新和浮梁的特有资源有效结合，促进当地资源的广泛、有益、持续、协调开发，实现最大的开发利用价值，打造赣东北金三角农副产品的生态绿色品牌，坚持走“公司+基地+农民专业合作社+农户+市场”的产业化发展道路，通过可靠、稳定的利益连接机制带动农户增收，打响赣森绿色品牌，以实际行动实现企业与农户的双赢。

七、省级农业龙头企业

——江西省进贤县粮友绿色食品有限公司

江西省进贤县粮友绿色食品有限公司创建于2002年，坐落在南昌市进贤县经济开发区。注册资金1008万元，现有资产总额9858万元，其中固定资产3000万元，占地面积150亩，生产加工车间面积5560平方米，仓储面积18980平方米，拥有大米、芝麻、花生加工生产线四条。2014年实现销售收入18865万元，利税927万元。公司规划布局合理，环境优美，设施齐全，工艺先进，技术力量雄厚，经营网络健全，区位交通便捷。

江西省进贤县粮友绿色食品有限公司创建以来，始终坚持“公司+专业合作社+基地+农户”的农业产业化经营模式，致力于有机绿色食品基地建设，率先在全县六个乡（镇）建立绿色有机芝麻基地15000亩，绿色大米基地50000亩。2004年至今，经日本农林水产省JAS认证的有机黑芝麻基地9820亩，经北京中绿华夏有机食品认证中心认证的有机黑芝麻基地6000亩。2006年经国家农业部和中国绿色食品发展中心批准，进贤县为全国绿色食品原料（黑芝麻）标准化生产基地示范县，并明确公司为该项目唯一的产业化经营企业。江西省进贤县粮友绿色食品有限公司于2008年组建了进贤县粮友芝麻产销专业合作社。

公司主营绿色有机粮油食品的科研、生产、经营业务，与南昌大学、济南大学、江西省农科院、江西省粮油科研所等单位合作研发新产品。研究课题《有机黑芝麻系列产品深加工》获得国家星火计划项目，《脂溶性黑芝麻色素超临界萃取新工艺研究》被江西省科技厅鉴定为科技成果，《一种前萃取花生蛋白的方法》获国家知识产权局“发明专利”，从而走出了一条产、学、研共同发展之路，使科研成果较快转化为经济效益。

产品主要有“永湖”牌大米、黑芝麻、花生系列产品。“永湖”牌商标荣获江西省著名商标，黑芝麻产品荣获江西省名牌农产品、南昌名牌产品。“永湖”牌大米、黑芝麻经中国绿色食品发展中心和北京中绿华夏有机食品认证中心，分别认证为绿色食品、有机食品。

江西省进贤县粮友绿色食品有限公司在国内市场，在北京、上海、广东、广西、江苏、山东、安徽、江西、福建等省市建有固定的贸易客户；在国际市场，与日本、韩国、新加坡、中国香港、中国台湾等国家和地区建立了长期业务往来。在2004年和2006年中国绿色食品博览会上获“畅销产品”奖，在2008年中国绿色食品博览会上获银奖，2009年被南昌市委、市政府授予“优秀龙头企业”，2012年公司总经理荣获江西省委、省政府授予的“全省农产品运销先进个人”荣誉称号。公司连续四届被评为江西省农业产业化经营省级龙头企业。

八、县级农业龙头企业

——龙南县宏昌生态养殖有限责任公司

龙南县宏昌生态养殖有限责任公司与宏昌超市搭建起包含种植、养殖、管理、销售等环节在内的产销一体化平台，实施“农超一体化”，形成生鲜食品从田头到柜台再到餐桌的完整产业链。公司不但全程掌控了产品质量，确保老百姓的食品安全，也取得了良好的经济效益。

2007年，猪肉价格连续上涨，徐超重燃“做农业搞养殖”的梦想，创办了龙南县宏昌生态养殖有限责任公司。创建生猪养殖基地，他总结了过去山羊养殖的失败经验。先通过学习各类农业种养知识以及组织人员参加县农粮局开展的各类培训班。同时，邀请县农粮局相关领导和专家在各乡镇摸底考察，最后确定在临塘乡临江村选择一块距离最近居民区3公里以上，符合养殖防疫要求的林地建设生猪养殖基地。在认真研究、科学规划的基础上，建设好的养殖基地实行全封闭管理，采用先进的人工授精技术，采取自繁、自养、全进全出的饲养方式。严格执行国家动物饲养标准，饲料、添加剂使用标准。配备设备先进的兽医实验室，应用先进的疾病检测技术，确保生猪的健康。并且配套建设了大型沼气池项目，利用沼气进行发电，为生产经营提供电力，每年节省电费数十万元；沼液沼渣则加工成有机肥提供给蔬菜基地、农田、果园，有效保护了生态环境。

龙南县宏昌生态养殖有限责任公司生猪养殖基地于2012年获得了“无公害农产品产地”和“无公害产品”的认证，被国家农业部命名为“生猪标准化示范基地”，2013年被认定为江西省农业产业化省级龙头企业。

自建立生猪养殖基地以来，徐超一贯坚持“专业的人做专业的事”，聘请有丰富种养经验的专家、技术人员为顾问、场长，利用绩效奖励机制进行管理。生猪养殖基地的发展为徐超打造高效生态循环农业产业奠定了坚实的基础。从2012 年开始，徐超的农业产业得到了快速发展。

2012 年，徐超在桃江乡、渡江镇创建千亩无公害绿色蔬菜种植基地，聘请了植物遗传学硕士研究与应用无土栽培（气雾化栽培）技术。2013 年在关西镇建设蛋鸡生态养殖基地，目前基地建有产蛋鸡舍 10 栋，饲养蛋鸡约 20 万羽，日产蛋 14 万枚。基地全面建成后，日产鸡蛋将达 50 万枚。2014 年在夹湖乡建立千亩油茶种植基地。

公司建有生猪养殖、蛋鸡养殖、蔬果种植和油茶种植四大示范基地，通过实施“猪（鸡）—沼—果（菜）”，尾菜用作畜禽辅助饲料的生产模式，发展生态循环农业，有效利用了生物资源和保护了生态环境。

公司还通过采用“公司+基地+合作社+农户”的生产经营模式，与龙南宏昌生态生猪养殖合作社、龙南县安基山青茶生态鸡专业合作社、龙南县宏泰蔬菜专业合作社等 10 余家农民合作社签订了长期的产销合同，辐射带动周边 1500 多户农户从事生猪养殖、蛋鸡养殖、蔬果种植和油茶种植产业，带动农户增产增收，形成了良好的产业链条。

九、县级龙头企业

——上饶林庄实业有限公司

20 世纪 90 年代，林桃仙利用打工积累资本，在农业上谋取发展机遇。经过 10 多年的艰苦拼搏，终于在“猪+沼+茶”闯出了自己的一片天。目前，她已经是省级农业龙头企业上饶林庄实业有限公司的老总。说到种茶，初尝有点苦，却有苦尽甘来之味。从小经商的她，对市场特别敏感，有一次，她在和朋友的交谈中了解到，市场上的有机茶有很大的发展前景，而自己正为养猪场的猪粪出路发愁，利用“猪+沼气+茶”发展循环生态农业正实现自己多年夙愿。2011 年 3 月，林桃仙克服种种困难，斥资 300 多万元在上饶县花厅镇洋塘村建起了白茶种植基地，种植生态白茶千亩，完全施用沼液及有机肥。如今千亩茶园青绿滴翠错落有致，每到春天，有 200 余位采茶女忙着采摘春茶。采茶女们手挎竹篮，巧手翻飞间，片片新绿飞进茶篓，欢声笑语不时飘荡在茶山间。

林桃仙深知，种好茶叶，做出好茶，还要打出品牌，才能出效益，光有满腔的热情是远远不够的，必须学习和掌握必要的科学知识及制茶工艺和技术。林桃仙通过不断学习学到了实用的茶叶生产和加工技术，增强了同行之间的经验交流，取长补短，并借鉴到同行们的一些生产、营销及管理经验，从而提高了自身理论水平与创新能力。目前林桃仙白茶的种植面积超过 3000 亩，产量也将超过 4000 斤，产值超过 500 万元。

十、县级绿色食品农业龙头企业
——江西颖川堂绿色食品有限公司

赖佛金，江西赣州人，20 世纪 70 年代出生在一个远离圩镇将近 30 公里的偏远小山村。

1993 年，刚过完春节，他搭上了南下的汽车，搭上了艰苦创业的班车。搭上了实现梦想的列车，只身来到了广东东莞虎门镇，一没文化二没技术，好不容易才找到一名加油员的工作，每天十几个小时，每天闻着刺鼻的汽油味，每天领着 10 多元的工钱……工作艰苦、收入微薄。也许，梦想的起点原本就是灰色。

机遇总是青睐有准备且不怕苦累的人。1994 年初，他辞掉了加油员的工作，做起了小生意——摆地摊，在工厂门口卖牙膏、牙刷、洗衣粉、录音带，他每天早上 5 点起床，从出租屋骑半个小时的单车到工厂门口去争摊位，卖东西。虽然每天来回三四趟，风吹日晒，异常辛苦，但收入颇丰，一天下来，多的能挣到三四百元，相当于加油员一个月的工资。

摆地摊虽然赚钱不多，但造就了他勤劳简朴、坚韧不拔、不怕挫折、永不服输的品格，为他日后创业积累了厚实的底蕴。

1996 年下半年，他租了间店铺，开了家音像零售店，一年半，挣了几万元，紧接着，他又搞起了音像批发。音像制品零售批发是他创业路上浓墨重彩的一笔，这一笔给他奠定了厚积薄发的创业基础。

2001 年，广东省对全省音像市场进行整顿，虎门音像批发市场要取缔。他认为音像制品生意已经走过高峰期，利润会越来越小，必须跳出来。他开始在全国范围内考察，寻找新的商机。一次偶然的机会，他参加了成都举办的全国糖酒交易会。火爆的会场，一天十几亿元的交易额，触动了他的商业敏感性，他觉得，“民以食为天”，食品行业肯定大有文章可做。于是，他转手做食品贸易，拉到了上千个食品的虎门区域总代理，开始做糖果、饼干等食品贸易批发。靠着诚信经营，他的生意日益兴隆，且越做越大，2005年，组建了东莞市颖川堂商贸有限公司。

2007年，寻乌在东莞市举办招商引资推介会，他看到食品精深加工的前景可观，果断出手，投资2000万元办一个果品精深加工厂。2008年下半年，江西颖川堂绿色食品有限公司在石排工业园动工兴建，以寻乌脐橙、蜜桔为原料，生产脐橙糕、果汁为主的休闲食品。

功夫不负有心人，通过生产工艺的不断创新，他的绿色食品很快就得到了市场的认可。2012年，其自主品牌“颖川堂”商标获得了“江西著名商标”的称号。

2013年公司业务拓展到上下游整个产业链，上游就是为了更好地从原材料把控产品质量，在寻乌县文峰乡上甲村荷树塘投资5000万元，建设3000亩颖川堂种植基地，成立寻乌县荷树塘生态发展有限公司；下游是产品销售渠道的建设，除了加强传统的全国经销商建设外，总公司的直营连锁店以广东为中心向全国主要城市铺开，电子商务业务也在扩大团队建设加紧进行，执行线上线下的互补的运营模式。

随着近几年电子商务的蓬勃发展，消费者的消费模式发生了巨大转变。赖佛金看到寻乌的果农卖果越来越困难，如何做好“互联网+农业创业扶贫”进入了他的脑海，进入了他的会议议题。在了解到国家也在大力推广农业现代化推广农村电商的时候，他积极主动与政府部门联系，积极参与电商协会组建，并承建运营了首个寻乌电商产业园。为做好电商配套服务，新注册了专业的电商服务公司——寻乌县新英科技创新服务有限公司，组建了一批电子商务精英团队，通过大力宣传和推动，一座全新的寻乌电商扶贫创业聚集地——寻乌电商产业园正式开园运营了。目前已入驻企业62家，园区除提供商务办公、产品展示、仓储物流等硬件设施外，同时还引进技术培训、美工摄影制作、店铺运营、快递物流等配套服务企业，提升园区服务功能。

第二节 绿色食品政策供给与需求调研

一、绿色食品产业扶持政策介绍

当前绿色食品产业政策扶持力度非常大，呈现多层次、多部门、多方式的特点。多层次体现在中央、省级、市级、县级政府纷纷制定出相关产业发展及其配套措施；多部门体现在绿色食品发展中心、农业产业化办公室、发改委、科技部等多个部门提供资源支持；多方式体现在扶持政策包括税收减免、贷款减息、绿色产品认证补贴、基地建设补贴、项目支持、用地优先、物流支持、培训支持等多种形式。

课题组据此设计问卷，进行预调查，预调查企业包括第一节介绍的几个农业龙头企业，在预调查的基础上，重新设计问卷。

二、数据情况与样本

（一）数据来源

课题组于 2014 年 7~8 月分别对南昌、上饶、鹰潭、萍乡、赣州、九江等九个地市进行调研。共发放调查问卷 100 份，收回有效问卷 89 份，有效样本率为 89%。调查内容包括绿色农业龙头企业所有制特征、规模、绿色产品数量、企业家年龄、学历、性别等。本书侧重调研企业主对绿色食品政策的需求程度，作为研究企业对绿色食品产业政策需求优先序及其影响因素的主要内容。

（二）样本描述

本调查样本中，男性企业家比例较大，占 79.8%，女性企业家占比 20.2%。农民工年龄低于 30 岁占 17.5%；31~40 岁，占比 28.2%；40~50 岁，占比 30.7%；50 岁以上占比 24.6%。企业家文化程度来看，大学以上占比 23.5%，高中以上占比 40.8%，初中以下占比 35.7%。县市级农业龙头企业 52 家，省级农业龙头企业 30 家，国家农业龙头企业 7 家，私营农业龙头企业 68 家，国有农业龙头企业 21 家。

三、企业对绿色食品产业政策需求优先序分析

在问卷设计中，把绿色食品产业政策分为以下九种：

（1）科技支持政策。该政策是指农业部和地方各级政府产业化专项用于基地农民的技术培训、良种推广、新品质引进和病疫防治等支持资金。

（2）绿色品牌补贴政策。该政策是地方各级政府对农业龙头企业认证的绿色产品补助资金，江西省对绿色食品标志一次性补贴 3 万元，各地市有不同程度的补贴。

（3）生态基地建设补贴政策。地方各级政府对农业龙头企业生态基地建设的补助资金。

（4）项目支持政策。农业部和各级政府产业化专项用于农业龙头企业农产品加工项目投入和补助。

（5）贷款贴息政策。各级政府对农业龙头企业的资金贷款给予的贴息。

（6）营销扶持。绿色食品发展中心对农业龙头企业绿色品牌营销资金。

（7）培训金额。绿色食品发展中心对农业龙头企业培训金额支出。

（8）税收减免。根据中央和地方有关税收政策减免量。

（9）土地支持政策。根据中央和地方有关规定，用地指标给予支持。

共设计三个问题。第一个问题："对你企业发展最重要的三项政策是什么？"

表 11–1　问题一的调研结果

序号	扶持政策类型	出现频次
1	科技支持	41
2	绿色品牌补贴	13
3	生态基地建设补贴	19
4	项目支持	16
5	贷款贴息	45
6	营销扶持	8
7	培训金额	6
8	税收减免	52
9	用地指标	67

表 11–1 的结果显示，用地指标需求最大，共 67 个企业需要，占 75%；次之为税收减免，共 52 家企业选择，占 58.4%；再次为科技支持，共 45 个企业选

择，占 50.1%；其他九项占比均较小。

第二个问题："哪两项政策有利于企业开发绿色食品？"

表 11-2 问题二的调研结果

序号	扶持政策类型	出现频次
1	科技支持	9
2	绿色品牌补贴	34
3	生态基地建设补贴	59
4	项目支持	10
5	贷款贴息	13
6	营销扶持	3
7	培训金额	4
8	税收减免	7
9	用地指标	39

表 11-2 的结果显示，生态基地建设补贴对促进农业龙头企业开发绿色食品的需求最大，共 59 个企业需要，占 66.3%；次之为用地指标，共 39 家企业选择，占 43.8%；最后为绿色品牌补贴，共 34 个企业选择，占 38.2%；其他六项占比均较小。

第三个问题："近三年，企业获得哪些政策支持？"

表 11-3 问题三的调研结果

序号	扶持政策类型	出现频次
1	科技支持	55
2	绿色品牌补贴	36
3	生态基地建设补贴	12
4	项目支持	30
5	贷款贴息	25
6	营销扶持	16
7	培训金额	29
8	税收减免	40
9	用地指标	22

表 11-3 的结果显示，上述调研企业中 70%获得不同政策支持。其中，科技支持政策支持面最宽，出现 55 次。次之为税收减免，出现 40 次，而绿色品牌补贴出现 36 次。项目支持政策出现 30 次，培训支持政策出现 29 次，用地指标出现 22 次。总体上，三年获得三个以上政策支持的企业不多，只有 28 个，绝大部分三年

获得 1~2 项政策支持。绿色食品产业支持缺乏重点性，有平衡利益关系的倾向。

四、绿色食品产业政策需求影响因素分析

（一）模型选择

本部分运用二元 Logistic 选择模型，实证研究农业龙头企业对各绿色食品产业扶持政策需求的影响因素。被解释变量是绿色食品产业扶持政策，自变量为企业所有制、规模、企业家的学历、性别、年龄等。

其模型形式表示如下：

$$P_i = F\left(\alpha + \sum_{j=1}^{m} \beta_j \chi_j\right) = 1/\left\{1 + \exp\left[-\left(\alpha + \sum_{j=1}^{m} \beta_j \chi_j\right)\right]\right\} \quad \text{式（11-1）}$$

经整理后得到：

$$\ln\frac{p_i}{1 - p_i} = \alpha + \sum_{j=1}^{m} \beta_j \chi_j \quad \text{式（11-2）}$$

式（11-1）、式（11-2）中，P_i 表示第 i 个绿色食品农业龙头企业前三位需求中选择某项政策的概率，α 为常数项，β_j 为待估计的系数，χ_j 表示第 j 个影响绿色食品产业政策需求的变量。解释变量主要企业所有制、规模、企业家的学历、性别、年龄等，解释变量的定义及取值如表 11-4 所示。

表 11-4　解释变量的定义及取值

变量名称	取值范围	定义及取值
性别	0~1	0 = 女性，1 = 男性
学历	1~3	1 = 初中及以下，2 = 高中，3 = 大学及以上
年龄	1~4	1 = 30 岁及以下，2 = 30~40 岁，3 = 40~50 岁，4 = 50 岁及以上
企业所有制	0~1	私营 = 0，国有或集体所有 = 1
企业规模	1~3	县市级 = 1，省级 = 2，国家级 = 3

（二）结果分析

本书以科技支持政策、绿色品牌补贴政策、生态基地建设补贴政策、项目支持政策、贷款贴息政策、营销扶持、培训金额、税收减免、土地支持政策为被解释变量，建立九个二元 Logistic 模型，运用 SPSS 17.0 对模型进行参数估计。由于项目支持模型 4 和培训金额模型 7 的 LR 值未通过显著性检验，模型整体模拟效果不理想。因此，其余七个模型整体通过检验（见表 11-5）。

表 11–5 支持政策的影响因素统计检验

	模型 1	模型 2	模型 3	模型 4	模型 5	模型 6	模型 7	模型 8	模型 9
	科技支持	绿色品牌补贴	生态基地建设补贴	项目支持	贷款贴息	营销扶持	培训金额	税收减免	用地指标
性别	–0.045	0.118	0.083	–0.104	–0.147	0.040	0.011	0.105	0.143*
学历	0.226**	0.458*	–0.124	0.555*	0.095*	–0.277	0.206*	0.091*	0.073
年龄	0.6785	–0.314	0.221*	0.279	0.327*	–0.361	–0.187	0.015	–0.115
企业所有制	–0.598**	–0.145*	0.119***	0.235	0.183*	0.089	–0.410	–0.233*	0.343**
企业规模	–0.341*	–0.274*	0.322***	–0.888***	0.416***	–0.201***	0.116	0.127***	0.212***
常数项	0.112*	0.222	–0.789*	–0.268	–0.166	0.079*	0.128*	–0.304	0.236

注：***、** 和 * 分别表示在 1%、5%和 10%的统计水平上显著。

（1）性别差异对企业家获取扶持政策的影响不显著。除在模型 9 中，性别显著影响用地指标之外，其他八个模型中，性别均不影响其他政策。这表明，无论是男性和女性企业家，在绿色产品支持政策上无明显差别。

（2）企业家学历对获取扶持政策的影响显著。除模型 3、模型 6 及模型 9 之外，总体来看，学历越高，越有利于企业获取绿色产品扶持政策。这可能是因为，企业家学历越高，越愿意接受新知识，并越重视发展绿色食品。同时对绿色产品、产业认知越高，越有助于其获取绿色产业支持政策。

（3）企业家年龄与其获取绿色产品扶持政策无显著性差异。九个模型均表明，企业家年龄与其获取绿色产品扶持政策无关。这说明，年龄并不能反映企业家特质。只有基本素质较高，又具有一定冒险精神的企业家才会致力于发展绿色食品。

（4）企业所有制对绿色产品政策需求存在较大差异。结果显示，除模型 4、模型 6、模型 7 不显著外，其他八个模型均显著。模型 1、模型 2 和模型 8 的系数为负值，这说明民营企业更容易获得科技支持、绿色食品产品补贴和税收减免等政策支持。而国有企业更容易获得生态基地建设补贴、贷款贴息和用地指标。这可能是因为，国有身份更利于企业获取银行贷款。在用地指标上，许多企业都积极争取，国有身份更有利于其获得支持。民营企业相对来说处于劣势地位。更多的民营企业可能愿意获取科技支持、绿色品牌补贴、税收减免等扶持政策。

（5）企业规模对绿色产品政策需求存在较大差异。结果显示，除模型 7 不显著外，其他八个模型均显著。模型 1、模型 2、模型 4 和模型 6 的系数为负值，这说明小规模绿色产品企业更容易获得科技支持、绿色食品产品补贴、项目支持和营销支持。而大规模企业更容易获得生态基地建设补贴、贷款贴息和用地指标。这可能是因为，科技支持、绿色食品产品补贴、项目支持和营销支持等政策金额较小，企业规模越大，越没有兴趣；但小规模企业获取这些政策支持，将有利于改善其财务状况，提高企业经济绩效。该研究结果从侧面说明，为什么我国许多中小企业不断涌入绿色食品产业，从而促进了绿色食品产业快速发展。但该产业集中度较低，属于粗放式增长。

第十二章　我国绿色食品产业扶持政策设计与优化

第一节　我国绿色食品产业扶持政策绩效分析

一、影响农业龙头企业绿色食品开发意愿的政策效果

（一）科技支持、绿色品牌补贴、税收减免政策效果明显

科技支持政策是针对所有农业龙头企业的通用性支持政策，如果农业龙头企业进行绿色食品开发，将优先获得支持。这种优先权作用效果非常明显。绿色品牌补贴是专门用于对农业龙头企业申报绿色产品标志进行补贴，这项专门政策对农业龙头企业转型开发绿色食品的效果非常明显。税收减免适合所有农业龙头企业，但开发绿色食品的话则享受更多优惠，因此有利于促进农业龙头企业进行绿色食品开发。

（二）培训支持、营销支持、项目支持政策效果不明显

培训支持政策大部分是政府主导的培训项目，包括对企业家绿色食品知识、企业经营管理知识等培训。这种培训未从农业龙头企业培训需求出发设置课程，培训效果不佳，因此对促进农业龙头企业绿色食品开发意愿的效果不明显。营销支持措施，往往也是地方政府主导的营销安排，如参加产品交易会、展销会。这种安排往往具有行政特征，缺乏对市场需求的了解，农业龙头企业兴趣不大，有的企业只是为了配合政府行政行为而参加交易会。因此，该项支持政策效果不明

显。项目支持效果不明显的原因与政府主导因素也密切相关，某些项目也纯属“拉郎配”。

（三）贴息贷款、生产基地补贴政策具有间接效应

农业龙头企业要获得贴息贷款并不容易，除了需要农业主管部门选择外，最终决定权在银行。销售收入指标是银行评判是否发放贷款的重要指标。一些经营状况不佳的企业即使开发绿色食品，也未必能够获得贷款。因此，只有销售收入较高的企业，才更愿意开发绿色食品，从而获得贴息贷款。这就解释了销售收入×贴息贷款交互因子对促进农业龙头企业绿色食品开发意愿效果明显。生产基地补贴是一笔较大的补贴。政府要求农业龙头企业对生态基地进行前期建设，只有具有冒险精神的企业家，或者销售收入高、经营状况较好的企业愿意进行前期建设。这就解释了企业家风险性×绿色基地补贴及销售收入×绿色基地补贴交互因子对促进农业龙头企业绿色食品开发意愿的影响明显。

二、影响农业龙头企业绿色食品开发的政策效果分析

（一）绿色品牌补贴政策促进了农业龙头企业进行绿色食品开发

绿色品牌补贴有利于促进绿色品牌标志数量增加，进而促进其在企业农产品产品家族中的比例和分量，并提高绿色产品销售收入。但绿色品牌补贴政策对绿色食品收入占其总农业收入的比重影响不甚明显。合理的解释是，虽然农业龙头企业绿色产品标志数量和绿色产品销售收入增加了，但其农产品总销售收入也可能增加，这导致绿色品牌政策对绿色食品收入占其总农业收入比重的影响不甚明显。绿色品牌政策对农业龙头企业绿色产品强度增加有显著影响。

（二）生态基地补贴政策对农业龙头企业绿色食品开发强度影响效果显著

生态基地补贴因子对各因变量影响显著，且正相关。因此，生态基地补贴政策不仅有利于促进绿色品牌标志数量增加，提升其在农产品家族中的比例和分量。同时该政策因子有利于增加绿色产品销售收入，甚至提高绿色产品销售收入占其总农业收入比重。研究结果显示，生态基地补贴政策对农业龙头企业绿色产品强度增加有显著影响。

（三）贷款贴息政策对于促进农业龙头企业绿色食品开发效果不明显

在模型 3 和模型 4 中，贷款贴息政策影响因子对因变量的影响不显著。这说

明，贴息贷款政策并没有有效促进农业龙头企业积极申报绿色产品标志，也未能达到提升其绿色产品销售收入的目的。在模型 1、模型 2 和模型 5 中，贴息贷款因子与因变量负相关。这说明，贴息贷款政策可能促进农业龙头企业进行其他普通农产品开发，从而导致绿色产品标志数量占总产品数比例及绿色产品销售收入占总销售收入比例下降。模型 5 的结果说明，贷款贴息政策对农业龙头企业绿色产品强度产生负面影响。

（四）税收减免政策对农业龙头企业绿色食品开发强度影响效果不明显

结果显示，税收政策因子对各因变量的影响均不明显。这说明该项政策不能有效促进农业龙头企业进行绿色食品开发。

综上，绿色品牌补贴和生态基地补贴政策作为专门性的绿色产品扶持政策，有利于促进农业龙头企业进行开发，提升其绿色化程度和速度。但贷款贴息政策和税收减免是针对所有农业龙头企业的通用性支持政策，不仅不能提高其绿色化强度，还可能通过转化资金使用用途，促进普通农产品开发。因此，在我国目前的绿色产业扶持政策体系中，要进一步强化专门性的绿色扶持政策力度，尤其要加大对绿色品牌补贴和生态基地政策的扶持力度。同时，要对贷款贴息政策和税收减免政策扶持方式进行重新设计。本书建议，要将绿色化程度和速度指标纳入这两项扶持政策考核体系。

三、影响绿色食品农业龙头企业生产效率的政策效果分析

（一）专用型绿色食品扶持政策对农业龙头企业相对绩效的影响效果不佳

绿色品牌补贴政策和生态基地补贴政策属于绿色食品产业专门扶持政策（即只对绿色食品农业龙头企业进行扶持）。研究结果表明：绿色食品品牌补贴政策虽然与企业生产效率、技术效率和规模效率正相关，但不显著。生态基地补贴只与企业规模效率显著相关，但与企业纯技术效率及企业生产效率的相关性也不显著。为什么会这样？一个可能的解释是，专门性绿色食品扶持政策能够促进其绿色开发程度提升，但农业龙头企业绿色食品开发程度的提高，可能导致其生产成本提高，从而降低生产效率。总体来说，专门性绿色食品扶持政策不利于农业龙头企业效率水平的提升。因此，扶持政策要根据农业龙头企业绿色开发程度来进行差别扶持，绿色食品开发程度越高，政府扶持资金和扶持力度要相应增加，以

弥补其产品创新带来的费用增加，避免企业陷入产品创新“失败陷阱”。

（二）通用性扶持政策对提升绿色食品农业龙头企业效率的效果较好

贴息贷款政策和税收减免政策是通用性农业产业扶持政策。这两项扶持政策是针对所用农业龙头企业的扶持政策，只是绿色食品农业龙头企业在获取政策支持时具有优先权。研究结果表明，这两项政策与绿色食品农业龙头企业规模效率、纯技术效率及生产效率均显著正相关。这说明，贴息贷款政策和税收减免政策能够促进企业提升产能规模、改善企业管理效率，进而提升企业整体生产效率。可能的解释是：一方面，贴息贷款可能促进企业增加土地、资本等要素投入，从而提高规模效率；另一方面，贴息贷款也有助于企业进行管理系统和流程再造，从而提升其纯技术效率，进而提升企业整体生产效率。税收减免一方面能够降低企业成本，提高企业利润，从而促进企业提高员工工资、提升员工积极性、增进纯技术效率；另一方面，也可能促进企业将利润转化为新的投资，增进规模效率，从而促进生产效率的提升。

四、影响绿色食品农业龙头企业绩效的政策机制分析

（一）扶持政策对企业绩效产生直接影响

扶持政策对绿色食品农业龙头企业影响显著，其路径系数为 0.273（$T = 4.01$，$p < 0.01$），H1 得到支持，这意味着目前我国绿色食品扶持政策能够直接提升企业的绩效。

（二）扶持政策对绿色食品农业龙头企业绿色产品策略产生正面影响

扶持政策对绿色食品农业龙头企业绿色产品策略影响较大，其路径系数为 0.212，T 值为 2.07，参数估计值显著正相关，因此 H3 得到支持，这意味着我国绿色食品扶持政策能够促进农业龙头企业进行绿色食品开发强度提升。

（三）扶持政策对绿色食品农业龙头企业动态能力影响效果不显著

结果的影响不显著其路径系数为 0.103，但 $T = 0.76$，参数估计值不显著，H2 没有得到有效支持。这意味着并不能确定扶持政策对绿色食品农业龙头企业动态能力产生正面影响。

（四）动态能力对绿色食品农业龙头企业绩效产生正面影响

结果显示：动态能力对绿色食品农业龙头企业绩效影响显著，其路径系数为

0.309，但 T = 4.14，H4 得到有效支持。这就意味着，其他条件一定的情况下，企业动态能力越高，企业绩效越好。

（五）产品策略对企业绩效影响效果不明显

产品策略对绿色食品农业龙头企业绩效影响不显著，其路径系数为-0.09，但 T = 1.45，参数估计值不显著，H5 没有得到有效支持。这就意味着，其他条件一定的情况下，绿色食品农业龙头企业绿色产品组合策略与其绩效关系不显著。这说明，如果农业龙头企业提升其绿色化程度，也未必能增加企业绩效，企业绩效甚至可能下降。

第二节　若干绿色食品产业扶持政策“焦点”问题探讨

一、农业龙头企业绿色食品开发动机讨论

农业龙头企业开发绿色食品意愿还受到非政策因素的影响。绿色食品利润率越高，企业越愿意进行绿色食品开发。政府对绿色食品行业管制越严格，不仅不能降低企业开发绿色食品的意愿，反而促进了企业的开发意愿。消费者对绿色食品的信任态度越高，越有利于农业龙头企业开发绿色食品。但行业竞争程度因素对企业开发绿色食品意愿的影响不显著。可能的解释是，农业龙头企业并没有把绿色食品作为抵御行业恶性竞争的重要手段。企业家学历因素对农业龙头企业开发绿色食品意愿的影响不明显，这可能是因为企业家学历也未必能反映企业家素质。

农业龙头企业销售收入对农业龙头企业开发意愿的影响不显著。这说明，并非规模越大、经营越好的企业越愿意开发绿色食品。许多农业龙头企业开发绿色食品或许有其他目的。结果显示，农业龙头企业产品范围越大，越愿意开发绿色食品。可能的解释，农业龙头企业一旦获得绿色食品标志后，就可以“漂绿”企业，提升企业品牌形象，促进企业产品的整体销售。因此，农业龙头企业开发绿

色食品可能存在“漂绿”动机。此外，农业龙头企业开发绿色食品除了可以获得绿色食品专门性扶持资金（如绿色品牌补贴和生态基地建设补贴），还具有获取科技支持、税收减免、贷款贴息等多项通用性农业产业扶持政策的优先权。因此，农业龙头企业开发绿色食品的另一个动机，可能是为了更好地获取政策资源，提升企业绩效。

提高农业龙头企业绿色化强度的确有利于提升其绿色产品销售收入，但不一定能提高其绿色产品销售收入占总其农业收入的比重。由于农业龙头企业开发绿色产品的成本明显高于其开发普通农产品的成本，出于追求利润最大化的目的，农业龙头企业一旦申报了少量绿色产品标志，变为“绿色食品农业龙头企业”，可能会降低申报绿色标志的频率和范围。研究结果表明，农业龙头企业绿色化开发强度越大，其利润越低。这有力地证明了农业龙头企业普遍存在“漂绿”行为。

二、扶持政策促进企业生产效率提升的机制讨论

（一）增加资本要素有利于提升规模效率，但不利于提升纯技术效率

结果显示，总资产与企业规模效率显著正相关，总资产与企业纯技术效率虽正相关，但不显著。这说明企业总资产越多，企业规模效率越好。但不能推出，企业总资产越多，企业纯技术效率越高。这是因为，企业纯技术效率反映了在既定技术进步条件下，企业应用和推广技术的水平和效果，而这与企业管理效率密切相关。因此，笔者建议，可以通过增加资本要素来提升企业规模效率，最终达到推动企业生产效率提升的目的。

（二）扩大土地要素有利于提升规模效率，但不利于纯技术效率提升

结果显示，生产基地面积与企业规模效率显著正相关，生产基地面积与企业纯技术效率虽正相关，但不显著。这说明企业基地面积越大，企业规模效率越好。但不能推出，企业基地面积越大，企业纯技术效率越高。虽然如此，模型 1 结果显示，基地面积与企业生产效率显著相关。这说明，增加土地要素总体上提升企业生产效率。因此，笔者建议，可以通过增加土地要素来提升企业规模效率，最终达到推动企业生产效率提升的目的。

（三）增加劳动力生产要素将降低企业纯技术效率，对提升企业生产效率的效果也不明显

结果显示，企业总员工数量与企业纯技术效率显著负相关。这说明，企业员工数量越多，企业纯技术生产效率越低。这可能是因为，许多农业龙头企业属于劳动密集型企业，员工数量多、素质低，且许多企业存在人员冗余的现象。此外，模型1和模型3结果显示，企业总员工数量与企业生产效率及规模效率相关性不显著。因此，提高员工素质、精简员工数量、合理配置劳动力资源是提高企业生产效率的重要途径。

三、扶持政策对绿色食品农业企业绩效影响机制讨论

“扶持政策对绿色食品农业龙头企业绩效影响机制”实际包含三条路径，第一条是“扶持政策→企业绩效”影响路径；第二条是“扶持政策→动态能力→企业绩效”影响路径；第三条是“扶持政策→产品策略→企业绩效”影响路径。

根据上述研究结果，第一条影响路径通过了检验，是非常有效的路径。可能的解释是：生态基地补贴、品牌补贴、贷款贴息等能够直接增加企业现金收入，而税收减免可以减少企业支出，增加企业利润。企业利润增加有利于提升员工工资、股东收益和农户收入，进而增进企业绩效。

第二条影响路径和第三条影响路径并未通过检验。因此，扶持政策对绿色食品农业龙头企业的间接影响效应不明显。为什么扶持政策间接作用机制失效？从第二条影响路径来看，虽然企业动态能力与企业绩效正相关，但扶持政策与绿色食品农业龙头企业动态能力之间关系不显著。可能的解释是：企业获得的扶持资金可能没有投入信息化建设、设备改造、人员培训、流程再造及增强内部管理效能，其动态能力未得到提升。扶持资金已经成为农业龙头企业的利润来源，企业对扶持政策的依赖削弱了其提升动态能力的动力。

从第三条影响路径来看，虽然扶持政策与绿色产品策略显著正相关，但企业绿色产品策略变量与企业绩效非显著负相关。这意味着，扶持政策的确可能促进企业进行绿色食品开发，但农业龙头企业绿色食品开发程度提高，企业绩效并未提高，甚至可能更低。一个可能的解释是：农业龙头企业绿色食品开发程度越

高，该企业的生产成本就越高。在信息不对称的情况下，农业龙头企业选择降低绿色食品开发强度以获取更高的利润。在短期内，农业龙头企业会陷入“失败陷阱”。

四、扶持政策对提升农业龙头企业动态能力影响讨论

为什么扶持政策没有起到促进农业龙头企业动态能力提升的目的？笔者认为，农业企业家对提升动态能力的重要性和必要性的认识是关键因素之一。如果企业家将农业龙头企业的发展作为一个长期追求的事业，就会配置政策资源，提升企业的动态能力；如果企业家以谋取利润为目的，就会将政策资源转化为利润。另一个关键因素是，政府管理对农业龙头企业就政策资源的使用缺乏必要的监管措施。实际上，相关政府部门已经意识到农业龙头企业政策扶持资金效果不佳，并规定某些扶持资金的用途，如建立企业信息系统、企业流程再造专项扶持项目等，但由于缺乏严格监管措施，许多扶持资金仍然被“转化”为企业利润。

五、农业龙头企业“漂绿”行为的讨论

农业龙头企业开发绿色食品本质上是产品创新行为，然而产品创新可能短期内面临机会成本过高，从而陷入“失败陷阱”。笔者认为，由于绿色产品市场信息不对称问题非常严重，消费者难以快速区分农业龙头企业提供的产品是否为真正的绿色产品，许多消费者会基于该农业龙头企业是否曾开发过绿色产品进行界定：如果该农业龙头企业曾开发过绿色产品，就会被认定为绿色食品农业龙头企业，进而相信其生产的所有产品都是绿色产品。因此，农业龙头企业绿色产品品牌效应会变得极不确定。如果农业龙头企业增加绿色产品开发强度，其生产成本会快速提升，短期内农业龙头企业绩效甚至会下降。这导致农业龙头企业普遍存在“漂绿”行为或倾向。

农业龙头企业的“漂绿”行为导致许多农业龙头企业初次申报绿色食品标志的热情很高，但其绿色产品开发的强度不大。从微观主体来看，许多农业龙头企业经营战略呈现出“局部绿色化”特征。从产业组织视角来看，整个绿色产业出现“小规模、大范围”、市场集中偏低的现象。因此，要优化我国绿色食品产业

的组织结构，就需要抑制农业龙头企业的“漂绿”行为。

第三节 提升绿色食品农业龙头扶持政策效应的对策

一、优化绿色食品产业扶持政策投入比例

由于贴息贷款和税收减免政策的效果好于生态基地补贴和品牌补贴政策的效果，因此建议进一步增加对前两项的资金投入，适当减少后两项资金的比例。而贴息贷款政策效果优于税收减免政策，因此政府要统合各项扶持政策，合理配置扶持资金，尤其增加贴息贷款在扶持资金中的比率。另外，加大对企业家素质培养项目的支持等，培养农业企业家事业心和战略思维能力。

二、加强对扶持资金使用方式的监管

由于扶持资金使用用途的差异，其政策效果也存在差异。增加资本要素和土地要素投入可以提升企业规模效率，最终达到推动企业提升生产效率的目的。精简员工数量、合理配置劳动力资源、提高员工素质，是提高企业纯技术效率的重要途径。因此，政府要引导农业龙头企业将扶持资金投入更新固定资产、扩张生产基地、培训员工等方面，并对扶持资金的使用范围和方式进行监管，确保扶持政策的效果得以有效发挥。

三、构建一个扶持主体的评价体系

许多地方政府在分配扶持资金时缺乏有效评价体系，存在着“撒胡椒面”等现象。为提高扶持政策资金投入的有效性，有必要构建一个政策扶持主体的评价体系，并侧重于扶持绿色食品开发程度高的农业龙头企业，对“漂绿”动机明显的农业龙头企业则减少资金支持。

四、优化扶持政策，提升绿色食品农业企业动态能力

首先，在绿色食品产业扶持政策内容上，要增加对“企业动态能力”的政策支持，如扶持企业信息系统、内部管理能力、资源整合平台构建，加强对企业流程再造项目的支持，加大对企业家素质培养项目的支持等。其次，在扶持方式上要进行改革。政府主管部门要构建一个以“企业动态能力”为核心的考核指标体系，重点扶植学习能力强和动态能力高的农业龙头企业，以扶“强”不扶“弱”替代扶“大”不扶“小”思维。最后，政府部门要加强对农业龙头企业使用政策资金的过程和方式的监管力度，制定惩罚措施，引导企业将相应扶持资金用于提高“企业动态能力”。

五、制定相应措施，防止企业“漂绿”行为发生

上述结果表明：绿色产品开发程度提升并不能增加农业龙头企业绩效，农业龙头企业普遍存在“漂绿”行为或倾向。因此，要制定相应措施，防止企业“漂绿”行为发生。其一，可以将农业龙头企业绿色开发程度与扶持政策挂钩，其开发绿色产品越多，政府给予的扶持资金应越多。其二，建立便捷的绿色产品可追溯系统，使消费者对农业龙头企业绿色产品真伪能快速地做出判断，从而缓解绿色产品市场信息不对称状态。其三，加强对绿色食品农业龙头企业的监管，包括广告宣传和产品抽检，不断形成一个较为诚信的绿色食品市场体系。

六、促进企业扩张和兼并重组，提升企业生产效率

绿色食品产业扶持政策的本质是资金扶持，是指在一般农业产业化扶持政策的基础上提供更优先的支持，而针对制约绿色食品企业扩张和兼并重组的政策设计非常少。当前绿色扶持政策促使企业不断申报绿色食品标志，特别是对中小企业产生的影响更大，因此，绿色食品企业数量迅速增加，产业集中度下降，导致企业生产效率不足。虽然国家级和省级龙头企业也积极申报绿色食品标志，但其规模扩张有限，基本上实施“局部化”战略。

因此，政府要建立绿色食品行业的进入壁垒。具体来说，可以提高绿色食品农业龙头企业的资本、基地面积认可标准，使小规模企业无法轻易进入绿色食品

农业行列。如果企业因为经营不善，面临被兼并或者破产，政府可以建立相关退出机制，鼓励企业之间的重组或者兼并行为。具体来说，政府可以对绿色食品企业的下岗员工进行新技能培训、对其资产进行免费托管、售卖，提供兼并企业信息，为交易双方搭建平台和提供信用担保。

七、强化企业内部管理、提升企业生产效率

我国绿色食品农业龙头企业的研发能力比较弱、内部管理不规范。当前我国绿色食品产业扶持政策中，虽然有科技、项目支持经费，但这些经费难以达到促进企业内部管理效率的目的。要提高企业内部管理效率，应该从信息化平台建设、企业员工培训和企业环境管理系统方面进行政策支持。为此，政府管理部门要建立一套企业生产效率评价和考核机制，根据绿色食品农业龙头企业内部管理效率水平，进行政策扶持。要将政策资源配置给那些纯技术效率较高的企业。具体措施，政府可以考虑将企业内部组织结构、企业领导者能力、企业员工素质、企业营销能力纳入企业内部管理考核体系。改变过去的政策扶持方式，大力清理整顿低效、无效的政策支持，提高政策资源利用率。通过政策扶持，促进企业管理体系和管理能力提升。通过政策扶持，不断挖掘企业潜力，努力改善企业经营管理手段，提高企业经营水平，从而达到提升绿色食品农业龙头企业生产效率的目的。

八、优化财政支持配置模式

政府要建立一套农业龙头企业能力测量指标体系，为配置财政资源提供依据。要加大对绿色绩效较好的农业龙头企业在信贷、税收、用地、生产基地建设、运输、品牌推广、绿色或有机食品认证等方面的优惠力度和奖励力度，防止对农业龙头企业普惠式的税收减免和奖励。因此，笔者建议：其一，可以将农业龙头企业绿色开发程度与扶持政策挂钩，其开发越多绿色产品，政府给予的扶持资金应越多。其二，建立便捷的绿色产品可追溯系统，使消费者能对绿色产品的真伪快速地做出判断，从而发挥绿色产品品牌效应。其三，加强对绿色食品农业龙头企业的监管，包括广告宣传和产品抽检，不断形成一个较为诚信的绿色食品市场体系。

九、其他方面政策支持

（一）设立绿色食品产业技术发展基金

政策支持还要促进企业技术进步和技术创新，促进绿色食品农业龙头企业积极引进国外新进的技术设备、加强自身的研发能力。具体来说，可以设立绿色食品产业技术发展基金，包括对企业引进和培养高新技术人才进行激励，对企业核心技术的研发提供支持，对企业创建学习型组织进行支持。

（二）创新土地流转政策

要创新土地流转政策，专门制定绿色食品生产基地建设的土地流转支持政策，从而克服绿色食品生产基地建设过程中存在的地方保护主义行为，促进企业扩大规模，提高企业生产效率。

（三）青年企业家培养

注重培养敢于冒风险的青年企业家。要重视对 30~40 岁的青年企业家培养，保护这些企业家的冒险精神，倡导宽容失败的创业环境。尤其要注重培养农业龙头企业的融资能力和原材料自给能力。例如，可以通过聘请各种专业人员开设专题讲座、选择学习能力强的企业家参加系统 MBA 理论学习和实践锻炼，组织农业龙头企业家进行交流。

附件

农业部印发《全国绿色食品产业发展规划纲要(2016~2020 年)》

多年来，发展绿色食品在推进农业发展方式转变、提高农产品质量安全水平、保护农业生态环境、促进农业增效和农民增收等方面发挥了重要的示范带动作用。绿色食品已成为我国安全优质农产品的精品，得到社会各界的普遍认可。中共十八届五中全会提出了绿色发展等新思想，为绿色食品事业发展注入了新动力。为进一步推进绿色食品产业持续健康发展，发挥绿色食品在现代农业建设中的示范引领作用，更好地满足城乡居民的安全健康消费需求，根据农业农村发展与农产品质量安全相关要求，制定本规划纲要。

一、发展现状

绿色食品，是指产自优良生态环境、按照绿色食品标准生产、实行全程质量控制并获得绿色食品标志使用权的安全、优质食用农产品及相关产品。多年以来，在各级政府和农业部门的积极推动下，在市场需求的有力拉动下，全国绿色食品产业保持了稳步健康发展，取得了显著成效。

（一）产业发展已有一定规模

截至 2015 年底，全国绿色食品企业总数达到 9500 多家，产品总数达到 23000 多个。2011~2015 年，绿色食品企业和产品年均分别增长约 8.5%和 7.0%。绿色食品产品日益丰富，现有的产品门类包括农林产品及其加工产品、畜禽、水产品及其加工产品、饮品类产品等五个大类、57 个小类、近 150 个种类，基本上覆盖了全国主要大宗农产品及加工产品。全国已创建 665 个绿色食品原料标准化生产基地，分布在 25 个省、市、自治区，基地种植面积 1.8 亿亩，产品总产量达到 1 亿吨。绿色食品生产资料企业总数发展到 102 家，产品达 244 个。

（二）产品质量稳定可靠

通过实施“从农田到餐桌”全程质量控制，落实标准化生产，严格产地环境、产品质量检测和投入品管控，提高现场检查和审核许可的规范性，全面加大证后监管力度，有效地保证了绿色食品产品质量。2011~2015年，绿色食品系统每年组织抽检覆盖率超过20%，绿色食品产品质量抽检合格率一直保持在99%以上。在近几年由农业部等国家有关部门组织的农产品质量安全监督抽检中，绿色食品产品质量抽检合格率均达到100%。

（三）品牌具有广泛影响力

经过多年宣传推广，绿色食品已被社会广泛接受，其推行的生产方式、倡导的消费理念、树立的社会形象和产生的品牌效益，已得到普遍认可。早在1999年，《辞海》已将“绿色食品”列入书中；绿色食品有关知识被国家编入了《全日制普通高级中学生物教学大纲》；中国农业大学、南京农业大学等多数农林院校设置了绿色食品专业或开设了绿色食品相关课程。近几年，绿色食品安全知识在部分大中城市社区广为宣传；相关电视节目中也时常涉及绿色食品的概念和知识。据调查，在国内大中城市，绿色食品品牌的认知度超过80%；在所有认证产品中，绿色食品的公信度排名第一。绿色食品品牌影响已从国内扩大到国际，其标志商标已在日本、美国、俄罗斯等10个国家和地区注册，丹麦、澳大利亚、加拿大等国家已开发了一批绿色食品产品。

（四）制度规范基本完善

《农产品质量安全法》、《食品安全法》、农业部《绿色食品标志管理办法》等的颁布实施，为绿色食品发展奠定了法律基础。农业部已发布各类绿色食品标准126项，整体达到发达国家先进水平，地方配套颁布实施的绿色食品生产技术规程已达400多项，绿色食品标准体系更加完善。绿色食品标志许可审查程序和技术规范在工作实践中得到不断补充和修订，绿色食品企业年检、产品抽检、市场监察、风险预警、淘汰退出等证后监管制度已全面建立和实施，以标志管理为核心的绿色食品制度规范已基本完善。

（五）体系队伍已覆盖到基层

全国已建立省级绿色食品工作机构36个，地（市）级绿色食品工作机构308个，县（市）级绿色食品工作机构1558个，覆盖了全国88%的地州、56%的县市。全国共有专职工作人员 6452 人，其中绿色食品检查员 3460 人、监管员 2797 人；还发展绿色食品企业内检员 1.8 万人，实现了所有获证企业的全覆盖。同时，审核确定了绿色食品定点环境监测机构 57 家、产品质量检测机构 58 家。

二、面临形势

当前和今后一个时期，推动绿色食品产业持续健康发展面临前所未有的历史机遇。

（一）政策环境有利

“支持发展绿色食品”已多次写入中央 1 号文件。中共中央、国务院《关于加快推进生态文明建设的意见》对发展绿色产业做出了总体部署。中共十八届五中全会提出了五大发展理念，进一步明确了绿色发展的思想。发展绿色食品，符合国家“绿色发展、低碳发展、循环发展”的战略部署，符合“产出高效、产品安全、资源节约、环境友好”的现代农业发展方向，越来越受到各级政府的高度重视。发展绿色食品已纳入我国现代农业建设、可持续农业发展、农产品质量安全提升等中长期规划，并与农业标准化、产业化、品牌化等主体工作紧密结合，组织领导、产业指导、政策扶持、激励机制等方面的配套政策不断完善，支持力度不断加大。

（二）生产者积极性高

随着绿色食品品牌的影响力、公信力不断提升，在优质优价市场机制的传导下，广大企业和农户发展绿色食品的积极性不断提高，特别是食品行业骨干企业、各级农业产业化龙头企业、出口企业更加关注绿色食品开发与经营。同时，随着农产品质量安全社会共治大格局的形成，各方面的责任进一步落实，市场秩序和品牌保护工作得到加强，绿色食品的精品形象更加凸显，吸引越来越多的社会工商资本进入绿色食品领域寻求发展商机，必将稳步扩大绿色食品产业规模，有效提升产业发展水平。

（三）消费需求旺盛

随着城乡居民收入水平不断提高，食品安全意识普遍增强，食物消费结构正加快由注重数量转向注重质量，“绿色、生态、环保”日益成为消费的基本取向和选择标准，绿色食品更加受到广大消费者的欢迎，市场需求呈现加速增长的态势。在消费需求和品牌影响的拉动下，绿色食品市场流通体系建设步伐不断加快，绿色食品越来越多地进入大型连锁超市、专营店，走上电商平台，满足日益个性化、多元化的消费需求。

与此同时，绿色食品发展仍然存在一些制约因素，面临不少挑战：

一是绿色食品发展至今还没有一个全国统一的规划。在推进现代农业农村经济发展的大格局下，统筹考虑绿色食品发展，进一步明确其定位、方向、目标、政策措施和工作要求十分重要，有利于增强工作的方位感和目标责任意识，有利于提升体系队伍建设和产业扶持政策的连续性、稳定性，从而促进绿色食品持续健康发展。

二是部门合作协调推进绿色食品发展的机制还没有建立起来。目前，绿色发展理念正在农业各产业中逐步扩散，绿色生产技术正在实践中不断得到开发与推广应用，各产业主管部门正在成为绿色农业发展的有力推动者。绿色食品工作部门与农业各产业主管部门加强配合，相互支持，优势互补，将成为今后推动绿色食品发展的有力手段。

三是绿色食品品牌形象有待进一步巩固提升。少数获证企业标准化生产不能真正落实到位，防控产品质量安全风险和隐患的压力增大；有的企业用标不规范或违规用标，个别企业违法制售假冒产品，有损绿色食品整体品牌形象。从结构看，中小食品企业与农民专业合作社偏多，大型食品企业偏少；初级产品偏多，精深加工产品偏少；种植业比重偏大，畜禽、水产品偏少；东中部地区发展规模较大，西部地区发展规模偏小，区域发展不平衡。面向国内外市场的品牌深度宣传与推广不足，优质优价市场机制的作用还未得到充分发挥。

三、总体思路

以邓小平理论、“三个代表”重要思想、科学发展观为指导，贯彻习近平总书记系列重要讲话精神，落实《中华人民共和国国民经济和社会发展第十三个五年规划纲要》，遵循创新、协调、绿色、开放、共享发展理念，以保护生态环境、提升农产品质量安全水平和促进农民增收为目的，以完善标准、优化程序、强化监管、加大宣传、创新机制为支撑，坚持精品定位，稳步发展，努力实现绿色食品质量水平持续提升、产业规模持续扩大、品牌公信力和影响力持续增强。

（一）基本原则

一是明确定位，率先发展。绿色食品是农业农村经济工作的重要组成部分，是生态文明建设的“助推器”、农业发展方式转变的排头兵、农产品安全优质消费的风向标。新时期，要按照“提质增效转方式，稳粮增收可持续”的要求，与农业产业转型升级、“一控两减三基本”、农产品质量安全监管、特色产业精准扶贫等农业主体工作相融合，率先发展，在标准化生产、产业化经营、品牌化发展中发挥示范带动作用。

二是政府推动，市场拉动。积极争取各级农业行政主管部门的支持，发挥好主管部门在统筹谋划、政策引导、投入支持、执法监管等方面的重要作用。要重视市场开发，多形式搞活流通，多渠道拓展市场，积极发挥市场在配置资源中的决定性作用，推进绿色食品优质优价市场机制的形成。

三是质量优先，稳步推进。更加注重发展的质量，全面落实全程质量控制体系和标准化生产，强化证后监管，不断提升绿色食品品牌的公信力。在坚持准入标准、保证质量的前提下，稳步扩大总量规模，不断满足城乡居民对安全优质农产品及加工食品的需求。

四是坚持特色，创新驱动。坚守与发达国家接轨的农产品及食品质量安全标准水平，保持绿色食品标准的先进性；坚持“安全、优质、环保、营养、健康”的本质特征，进一步打造精品品牌；坚持质量管理与标志许可相结合的基本制度，不断创新机制，提升发展活力。

（二）发展目标

到 2020 年，全国绿色食品产业总量规模进一步扩大，企业总数达到 11000 家，产品总数达到 27000 个，绿色食品产地环境监测面积达到 6.5 亿亩，绿色食品总产量占全国食用农产品及加工食品总产量的 5%以上。绿色食品质量和品牌公信力、认知度明显提升，质量抽检合格率保持在 99%以上，国家级和省级农业产业化龙头企业、大型食品加工企业、出口企业比例明显上升，达到 60%以上。

四、重点任务

（一）扎实推进基地建设，不断提高发展质量

按照“稳定总量规模，提升创建质量，强化产业对接，增强基地效益”的总

体思路，新创建 200 个原料标准化基地，使基地总量达到 800 个，面积增加到 2 亿亩。以优势农产品产业带、特色农产品规划区和农业大县为重点，着力创建一批绿色食品水稻、小麦、玉米、大豆、油料、糖料、水果、茶叶、畜产品原料标准化生产基地，加大产销对接力度，形成原料基地与加工（养殖）企业相互促进的良性循环机制。

启动绿色食品园区创建活动，打造一批融“绿色食品生产、加工、销售、餐饮、体验、休闲”为一体的绿色食品综合示范园区，拓展绿色食品发展的多种功能，促进农村一、二、三产业融合发展。

（二）着力扶强生产主体，持续扩大总量规模

按照“提高门槛、强化服务、加强引导”的要求，不断提高绿色食品企业的整体素质。大力引导各类龙头企业特别是国家级和省级农业产业化龙头企业、大型食品企业、外向型企业发展绿色食品，发挥骨干企业的引领作用。积极指导国家级与省级农民专业合作社示范社发展绿色食品，发挥其在标准化生产中的示范作用。鼓励引导地方特色农产品生产主体发展绿色食品，发挥行业领头作用。

（三）加快推进短缺产品开发，不断优化品种结构

重点推动生态环境良好的草原地区发展优质草食绿色畜禽产品，大力发展有特色的畜禽产品，引导行业领先企业和境外企业发展绿色畜禽产品。引导大型湖泊、库塘等自然条件良好的天然水域发展绿色水产品，鼓励远洋捕捞及其加工企业发展绿色食品。发展绿色食品精深加工产品，重点是食用植物油、米面加工品、果酒等。

（四）不断强化市场营销服务，完善市场流通体系

全面开展绿色食品市场营销服务体系建设，推动绿色食品步入“以品牌引导消费、以消费拉动市场、以市场促进生产”的发展轨道。制定绿色食品市场推广与品牌形象展示规范，引导和鼓励建设绿色食品专业营销体系。支持多形式建立绿色食品电商平台，积极引导企业充分利用电商平台拓宽营销渠道、提高流通效率。推进“中国绿色食品博览会”向专业化、市场化方向发展，使其成为促进绿色食品产销对接、商贸合作的专业平台。鼓励举办区域性绿色食品交易会，多渠道开展市场对接，扩大绿色食品品牌影响力。

（五）全面加强品牌保护，不断提升品牌的公信力

坚持绿色食品精品定位，把精品理念贯彻落实到生产经营的每一个环节，夯实品牌建设的基础。依据《中华人民共和国商标法》、《绿色食品标志管理办法》等法律法规，持续开展绿色食品标志的注册与保护工作，为产业发展和品牌建设提供有力的法律保障。严格许可审查，加强证后监管，强化淘汰退出机制，确保产品质量和规范用标，切实维护品牌的公信力和美誉度。积极开展品牌知识宣传，培育并提升绿色食品在消费市场的良好形象。

五、支撑体系

（一）完善绿色食品技术标准体系

继续瞄准国际先进水平，突出“安全、优质和可持续发展”的基本特征，完善绿色食品技术标准体系，力争绿色食品有效标准达到150项。重点完善养殖、屠宰环节绿色食品卫生控制要求和食品加工过程中的卫生控制规范。推进地方特色优势农产品生产技术规程制订工作，为落实标准化生产提供技术规范。以“质量安全、技术先进、生产可行、产业提升”为基本评价指标，建立绿色食品标准跟踪评价长效机制，进一步提高标准的科学性和实用性。

（二）优化绿色食品标志许可制度

按照“科学公正、规范有序、简便快捷”的要求，不断优化标志许可审查程序，完善现场检查规范和专家评审制度。积极开展申报企业组织模式、管理体系、产地环境、风险防控能力等方面的评估，并加大现场检查力度，严格准入门槛。强化申报企业投入品审核管理，对投入品使用合理性、管理规范性、来源稳定性进行严格审查。强化工作机构审查把关和定点检测机构公正检测的责任，确保审查工作环环相接，不遗漏、不延误、不推诿。建立健全检查员工作绩效考评机制，强化检查员签字负责制。加强证书管理，不断提高颁证工作的质量和效率。

（三）加强产品质量监管体系

建立“以属地监管为原则、行政监管为主导、行业自律为基础、社会监督为保障”的综合监管运行机制。认真落实企业年检、产品质量年度抽检、绿色食品标志市场监察与打假、质量风险预警、产品公告等监管制度。积极推进绿色食品质量追溯管理。加强绿色食品企业内检员队伍建设，发挥其在宣贯标准、沟通信息、质量保障、风险预警中的重要作用。制订符合绿色食品行业自身特点的诚信标准，建立诚信信息服务平台，稳步开展诚信评价工作。

（四）强化科技支撑体系

组织开展绿色食品发展理念、标准定位、制度安排、功能作用、发展模式、运行机制及效益评价等方面的基础研究。鼓励和依托大专院校、科研院所开展绿色食品农业投入品使用技术研究，并建立将先进成熟研究成果应用到生产中的宣传推广机制。支持地方研究和推广一批特色鲜明、务实管用、农民欢迎的清洁生产技术。加大绿色食品生产资料研发和推广应用力度，不断提升绿色食品清洁化生产水平。

（五）健全管理服务体系

加快健全地方工作队伍体系，进一步理顺关系，明确职能，充实人员，推动工作机构向基层延伸。继续抓好检查员、标志监管员的培训工作，强化服务意识，提升工作能力。按照“统筹规划、合理布局、择优选用”的原则，稳步推进绿色食品检测机构布点工作，强化检测机构能力建设。充分发挥绿色食品专家队伍在理论研究、标准制修订、技术开发、风险评估等方面的重要作用。加快审核管理信息系统建设步伐，提升绿色食品许可审核工作信息化水平。发挥绿色食品协会的桥梁纽带作用，增强绿色食品行业的向心力、凝聚力。

六、保障措施

（一）加强组织领导

发展绿色食品，是国务院赋予农业部门的重要职能。各省绿色食品工作机构要从新时期农业农村经济发展的全局出发，充分认识发展绿色食品的重要意义，始终把发展绿色食品作为推动农业转型升级、加强农产品质量安全工作的重要内容，积极争取纳入当地农业农村经济发展整体规划，统筹部署推动。要加快制定符合各地实际的绿色食品发展规划和具体实施方案，明确分工和进度安排，按计划、有步骤地抓好各项工作的落实。要强化发展规划的监督检查和综合评估，积极争取将发展绿色食品纳入现代农业建设和农产品质量安全绩效管理范围，确保绿色食品发展各项工作有效推进。

（二）加大政策支持

要按照《中华人民共和国农产品质量安全法》的要求，积极争取将绿色食品工作经费纳入本级农产品质量安全管理公共财政预算，适度增加绿色食品发展预算资金，加大资金扶持力度。要积极建立补贴制度，加大对绿色食品生产企业、原料标准化生产基地、绿色食品示范园区和农户的奖补力度，不断提高企业和农民发展绿色食品的积极性。要结合国家有关规划和已有各类投资渠道，创造条件，争取把发展绿色食品纳入重要农业建设项目，明确发展目标和建设内容，丰富可追溯体系建设、现代农业示范区、农业标准化示范县、农产品质量安全县、龙头企业评定、国家级示范合作社创建、“三园两场”创建项目建设内容，统筹利用各种国家强农惠农政策与资源，实现农业项目建设与绿色食品发展相辅相成、相得益彰。

（三）深化舆论宣传

充分应用现代化的公共媒体，加强绿色食品发展理念、法律法规、标准规范、运行模式、生产技术、产品质量、品牌效应的宣传，提高社会各界和广大公众的绿色发展、健康消费意识。积极利用各种农业节庆活动和相关博览交易会，扩大绿色食品理念与标志形象宣传。认真总结绿色食品发展的成功经验和主要做法，深入挖掘各地推进绿色食品工作的成功典范，加大典型地区、典型企业、典型产品的宣传力度，进一步提升绿色食品品牌的认知度、美誉度、公信力和影响力。健全与媒体的快捷沟通、联动机制，充分发挥媒体的引导和推动作用，营造全社会关心支持绿色食品事业发展的良好氛围。深化对外交流合作，加强国际推介宣传，提升绿色食品的国际影响。

南昌市绿色食品产业发展配套政策

（洪府厅发〔2011〕22号）

为进一步加快绿色食品产业发展，根据《江西省人民政府办公厅关于印发江西省绿色食品产业发展配套政策的通知》（赣府厅发〔2011〕3号）精神，结合我市实际，特制定以下配套政策。

一、加大对绿色食品开发的奖励支持

（一）鼓励企业、农民专业合作组织及个人投资无公害、绿色（有机）产品产业开发建设

对投资无公害、绿色（有机）农产品基地和农产品加工项目，经营期在10年以上的，可享受第1~5年免征地方所得税，第6~15年减半征收地方所得税的优惠政策；对凡在南昌地区纳税的企业，并经所在县、区绿色食品办公室受理，通过国家无公害食品、国家绿色食品和有机食品机构认证标志产品，取得无公害农产品、绿色食品、有机食品产品标志使用权的企业，市财政每年对新增的每个标志产品给予一次性奖励；为促进绿色食品的出口创汇，对于无公害、绿色（有机）产品生产企业优先给予自营出口权。

（二）加大对绿色食品原料标准化生产基地建设的支持力度

市财政要安排专项用于支持基地的创建和发展，对获得“全国绿色食品原料标准化生产基地”的县、区，在获得省级奖励后，经市农业局确认，市财政再一次性给予5万元奖励。一次性投资500万元以上新建无公害、绿色（有机）产品基地建设及农产品加工项目，建设过程中涉及的由市规定的行政事业性收费，经县、区报市农业局审核后，由市财政局批准，享受按低限减半收取，生产经营活动中的各项行政事业性收费，按规定的最低幅度标准征收。

（三）加大对无公害、绿色（有机）产品开发的支持力度

县、区政府对于开发无公害、绿色（有机）产品生产基地500亩以上并得到

国家绿色食品或有机食品认证许可使用标志的企业、合作区或个人，在安排生态环境建设、以工代赈、农业商品基地建设、农业综合开发、扶贫开发和农业技术推广等项目时，优先给予支持和倾斜。

县、区政府应设立专项资金，专门用于扶持无公害、绿色（有机）产品和市场开发。

二、加大对绿色食品产业开发的金融支持

重点扶持具有一定基础和规模、科技含量高、市场前景好、竞争力强的绿色食品加工企业及绿色食品生产资料企业或合作社。对于从事无公害、绿色（有机）产品生产加工，获得市级及市级以上农业产业化龙头企业、合作社称号的，按规定享受金融机构给予优先安排贷款支持，未享受省农业产业化办公室优先安排农业产业化专项资金贷款贴息支持的，可享受市农业产业化办公室优先安排专项资金贷款贴息政策。农、林业担保资金，优先为从事无公害、绿色（有机）产品生产加工信誉好的企业提供融资担保服务。建立以县、区为重点的中小企业信用担保体系和信贷风险补偿机制，鼓励和支持龙头企业为基地农户提供贷款担保。鼓励银行业金融机构把支持龙头企业作为支持农业产业化经营的重点，发挥其在农业产业化经营中的示范、带头作用。对具备上市条件的农业产业化龙头企业予以重点培育，鼓励和支持重点龙头企业通过公开发行股票、中期票据、短期融资券和集合债券进行融资。积极引导工商资本、民间资本、金融资本和外资投入无公害、绿色（有机）产品生产加工龙头企业和农民专业合作社。

三、加大对绿色食品开发建设用地支持

对从事无公害、绿色（有机）产品开发的重点建设项目，符合市重大项目调度条件的，优先列入市重大项目进行调度，优先安排新增建设用地指标。

四、加大对绿色食品开发的科技创新支持

对从事无公害、绿色（有机）产品研发、生产和营销的企业，要积极推荐其被认定为高新技术企业，享受高新技术企业和环保产业优惠政策。对于无公害、绿色（有机）产品科研项目和技术推广项目，科技和农业部门应优先纳入重点科

研计划和重点推广计划。对获得绿色食品和有机食品认证的企业，优先向部、省推荐申报项目和申报农业产业化龙头企业，并在政策上予以倾斜。

五、加大对绿色食品合法营销网络的支持

积极培育和建设无公害、绿色（有机）产品市场，带动无公害、绿色（有机）产品产业的发展。无公害、绿色（有机）产品生产企业和无公害、绿色（有机）产品营销企业进入市场、超市，或在外地设立专卖店的，有关部门应给予相应的减免入场费、场租费、一定性补贴等优惠。同时，要加强与商贸、工商、质监等部门的协调和沟通，搞好产销对接，创造条件设立获证产品的专营、专销、专卖区域，形成无公害农产品和绿色食品销售网络体系。鼓励无公害、绿色（有机）产品生产企业参加国内外大型农产品展销展示会，有关部门应给予相应的减免入场费、场租费、一定性补贴等优惠。

六、加大对鲜活农产品运输支持

积极完善全市鲜活农产品运输绿色通道。严格执行鲜活农产品运输绿色通道车辆通行费减免规定，确保绿色通道畅通。

七、加大对绿色食品产业的工作机构和经费支持

各级政府要在编制、人员等方面对无公害、绿色（有机）产品工作机构的建立与完善予以支持；市、县财政每年应安排相应的无公害、绿色（有机）产品工作经费，以保障这项工作的正常开展；各级政府对在无公害、绿色（有机）产品产业的开发、技术推广和管理工作中做出显著成绩的单位和个人，按照有关规定予以表彰或奖励。

江西省人民政府办公厅转发省发展绿色食品领导小组关于江西省绿色食品产业发展实施方案的通知

发布部门：江西省人民政府办公厅

发布文号：赣府厅字〔2002〕159号

各市、县（区）人民政府，省政府各部门：

省发展绿色食品领导小组制订的《江西省绿色食品产业发展实施方案》已经省政府同意，现转发给你们，请结合实际认真贯彻执行。

为充分利用我省良好的自然生态资源，促进农业产业化和农业工业化，推进农村经济结构战略性调整，加快食品产业与国际接轨的步伐，实现我省在中部地区的崛起，特制定绿色食品产业发展实施方案。

一、指导思想

以中共十五大精神为指针，突出高标准建设“绿色食品基地”和培植绿色食品龙头企业，打造我省绿色食品名牌，以市场为导向，以经济效益为中心，以科技进步为动力，充分运用绿色食品的认证制度和国家信誉，发挥我省的比较优势和后发优势，切实做大做强我省绿色食品产业，使之成为我省的支柱产业，不断提高我省食品产业的国际竞争力。

二、发展目标

江西发展绿色食品产业的目标是：“十五”期间，力争使主要名特优农产品基本“绿色化”，主要食品加工龙头企业基本“绿色化”。力争到2005年全省绿色食品及绿色食品生产资料认证总数达200个，建立绿色食品原料基地1000万亩，产值达80亿元，出口创汇5000万美元；到2015年，全省通过认证的绿色食品及生产资料产品数达400个，原料基地3000万亩，产值200亿元，出口创汇3亿美元。基本建成我省与国际接轨的绿色食品质量安全标准体系、质量安全检测检验体系、质量安全认证体系、质量安全执法监督体系、质量安全科技进步体系，形成生产、加工、教育、科研、测试、检验、监督相互配套的新型绿色食品产业格局。

三、发展重点

按照从土地到餐桌的全程质量控制及农业产业化、规模化、标准化、绿色化和特色化的要求，重点发展五大类绿色食品产业。

（一）粮油类

（1）粮食：水稻是我省最主要的农作物，水稻总产量占全省粮食总产量的90%以上。要进一步扩大绿色食品水稻基地（监控）面积，延伸绿色食品水稻产业链，使之向“种、养、加”有机结合、相互促进的方向发展。争取到2005年AA级绿色食品大米基地面积达10万亩，产量达4万吨。A级绿色食品大米基地面积达100万亩，产量达80万吨。

（2）油料：“十五”期间，重点发展具有江西特色和市场前景的木本茶油生产。要尽快将现有高新技术运用到现有油茶林的“低改”中去，使之尽快朝绿色化方向发展；要在工艺上提倡物理“压榨”的同时，改传统高温“热榨”为低温“冷榨”制油，减少维生素及其他营养元素的破坏、提高油茶的出油率。到2005年，力争使绿色食品油茶林环境监控面积达400万亩，产量达2万吨。进一步扩大“双低”油菜和花生的种植面积，到2005年，A级绿色食品草本油料基地面积发展到30万亩。

（二）瓜果蔬菜类

（1）果品（含瓜类）：发展有区域特色的地方名优果品（如柚、猕猴桃、早熟梨等）。抓紧制定地方果业名特优产品标准，实行标准化生产。重点建设产地贮藏库，开发水果生物保鲜技术，提高水果采后清洗、分级、预冷、杀菌、打蜡、分级包装等商品化处理程度，加大冷藏运输等基础设施建设。重点发展适应国内外市场需要的果汁、果酱、果粉、蜜饯、果干、果酒和膨化果品等产品。注重野生水果的资源开发，提高加工和综合利用水平。到2005年，使绿色食品果园基地面积达100万亩（其中瓜类20万亩），产量达400万吨。

（2）蔬菜：要在定量分析的基础上，科学建立绿色食品蔬菜生产基地。要大力提高采后清洗、分级、预冷、保鲜、破碎、杀菌和包装等商品化处理程度，推行净菜上市，为沿海发达地区及国际市场提供丰富、优质、安全的绿色食品蔬菜。用现代高科技加速改造传统加工工艺、更新机械设备，全面改进包装，提高产品质量。加快发展具有出口潜力的蔬菜罐头、速冻菜、脱水菜、蔬菜汁、蔬菜粉、蔬菜脆片以及膨化蔬菜和保健蔬菜等。到 2005 年力争建成绿色食品蔬菜基地 100 万亩，产量达 200 万吨。

（3）食用菌、竹笋：要适应生态经济的要求，建立起种植业、养殖业及微生物（食用菌）产业齐头并进的三维农业发展模式，进一步扩大食用菌生产，重点推广食用菌（香菇、茶薪菇、木耳、猴头菇等）储藏、保鲜技术，大力发展食用菌的精深加工，进一步提高食用菌产业的出口创汇能力。

我省竹林面积 1114 万亩，每年鲜笋产量约 20 万吨，水煮笋 1 万吨，笋干产量约 2 万吨。竹笋是我省农业的重要出口创汇产品。在抓好特色乡的毛竹产业化的同时，要以毛竹的中心分布区为重点，按绿色食品的要求组织生产和加工，开发绿色食品方便笋、清水罐头笋等笋系列产品。到 2005 年，建立绿色食品竹林 300 万亩，开发绿色食品竹笋 10 万吨。

（三）畜禽水产类

（1）奶牛产业：在振兴草业的基础上，努力开辟国外精饲料基地和工业用奶粉基地，重点发展液态奶生产，并努力使之基本绿色化，提高我省奶牛产业的国际竞争力。到 2005 年，使绿色食品奶牛基地养殖产奶母牛达 20000 头，绿色食品乳制品产量达 6 万吨（其中，液态 4 万吨、固态 2 万吨）。

（2）生猪产业：重点要抓好生猪品种改良和地方优良品种的发展，大力开发、应用绿色食品饲料和绿色饲养技术，实施生猪养殖业的绿色食品化。肉类食品加工业要在发掘地方特色产品的基础上，把有一定规模上档次的特色产品开发成绿色食品。到 2005 年，年出栏绿色食品生猪力争达到 30 万头。

（3）家禽：重点发展具有一定知名度的地方品种（如崇仁麻鸡、万载三黄鸡、鱼干、东乡黑鸡及广丰、兴国及滨湖地区的水禽等）。要尽快建立具有地方特色绿色食品家禽基地，实行野外散养与集约化（圈养）并重，进一步扩大散养养殖规模。到 2005 年，建立绿色食品家禽养殖基地 10 个，使绿色食品家禽年产 1000 万羽。

（4）水产类：重点发展有江西地方特色的水产品如鄱阳湖的蟹、虾、银鱼、鳜鱼，中华鳖、彭泽鲫鱼、婺源荷包红鲤鱼和可供出口创汇的鳗鱼养殖等。充分利用江西无污染的淡水资源，抓好规模化养殖，加大科技投入，认真解决好鲜活水产品的绿色包装、贮运问题，推进加工产业体系的建立。培植和引导具有活力的水产品加工龙头企业，通过加快企业技术改造，促进适销对路的加工产品的开发，发展既有营养又食用方便的加工食品、调味制品，不断提高产品的附加值和国内外市场占有率。到 2005 年建立绿色食品水产养殖基地 20 万亩，产量达 3.5 万吨。

（四）饮料及酒类

（1）茶叶：茶叶是我省主要经济作物之一，也是我省出口创汇的优势产品，种植面积为 75 万亩，产量约 15700 吨。要运用新技术、新材料、新工艺加快传统制茶业的改造，提高连续化和自动化水平，大力推广茶叶生物保鲜技术，延长茶叶的货架寿命，进一步拓展国际市场，做大做强婺源大鄣山茶、遂川狗牯脑茶、浮梁崖玉茶、得雨活茶等 AA 级品牌。到 2005 年，茶叶的绿色食品率要力争达到 30%以上，绿色食品茶叶基地面积达 20 万亩，产量达 0.8 万吨。

（2）矿泉水、纯净水：我省有着丰富的水资源，不仅地表水充沛，而且优质地下水也有着巨大的蕴藏量，特别是那些自溢性的矿泉水亟待转化成现实经济优势。要充分发挥现有绿色食品企业的作用，不断扩大产业规模、迅速做大做强绿色食品矿泉水、纯净水产业。争取到 2005 年，建立绿色食品矿泉水和纯净水加工基地 10 个，使绿色食品矿泉水和纯净水的年产量达 20 万吨（其中，AA 级 10 万吨）。

（3）酒类：推行白酒及果酒的绿色化，延伸粮食与水果的产业链，以品牌经营为中心，发掘我省酒业文化底蕴，发挥特色优势，增强我省酒业的国际竞争力。要切实将蜜桔干酒、猕猴桃干酒、四特酒、临川贡酒、全粮液做成绿色食品名牌，力争到 2005 年建立绿色食品酒类加工基地五个，绿色食品酒类总产达 1.5 万吨。

（4）其他饮料：蜂蜜、果汁饮料及其他植物饮料市场前景广阔，有条件的县（市）可依据地方特色和资源优势，依靠科技进步，创出绿色食品知名品牌。将特色饮料“百合汁”、“莲子汁”及南酸枣、中华猕猴桃、橙汁、橘汁、葛露及苦丁茶、滕茶、杜仲茶、速溶茶等特种茶系列产品开发成绿色食品，力争建立基地

150万亩，并使产量达到10万吨。

（五）生产资料类

（1）饲料：要开发绿色畜禽产品，必须大力开发绿色饲料。2005年前要在全省建立绿色畜禽饲料加工基地10个，力争使绿色畜禽饲料产量达到40万吨。

（2）有机肥料和生物农药、兽药：要加大生物技术研究、推广力度，加快现有肥料、农药、兽药生产企业的改组改造步伐，有计划地将大中型肥料、农药、兽药企业进行绿色化改造并使之发展成绿色食品生产资料生产企业，不断增加绿色食品生产资料的供应。“十五”期间力争使全省的绿色食品生产资料（肥料、农药、兽药）的供应量达到20万吨。

（3）添加剂：要加大绿色食品添加剂的开发力度，为绿色食品的贮藏、保鲜奠定雄厚的物质基础。“十五”期末，努力使全省的绿色食品添加剂产量达到4万吨。

四、主要措施

（一）加强领导，进一步完善绿色食品产业指导、管理体系

发展绿色食品产业是推进农业和农村经济结构战略性调整、增加农民收入的必然选择，是我国加入世贸组织应对挑战、提高农产品国际竞争力的客观要求，对于实现农业产业化经营、促进农村工业化、城镇化和现代化具有重要意义。各级政府一定提高认识，加强宏观指导和服务、精心组织，尽快组建相应的“发展绿色食品领导小组及其办公室”，明确绿色食品产业的主管部门，并将绿色食品产业的发展纳入本地区经济、社会发展规划。各有关部门要加强协调与合作，共同促进绿色食品产业的健康发展。

（二）创造政策环境，加快绿色食品产业的发展

一是各级政府要加大对绿色食品产业的扶持力度，促进绿色食品产业的发展。“十五”期间，各级政府要适当安排资金，支持绿色食品产业的研究开发；要进一步调整投资结构，增加对绿色食品产业的基地建设；加工体系建设和市场建设的投入。在良种繁育、动植物保护、绿色食品包装、仓储、运输等生产和流通设施，技术引进、示范和推广、市场营销、信息网络等服务设施，产品标准、质量检测和环境控制等保障设施方面一定要有明显突破。

二是要用足、用好现行的优惠政策。对重点绿色食品企业从事种植业、养殖业和农林产品初加工取得的所得，比照财政部、国家税务总局《关于国有农口企事业单位征收企业所得税问题的通知》（财税字〔1997〕49 号）规定，暂免征收企业所得税；对重点绿色食品企业研究开发新产品、新技术、新工艺所发生的各项费用，可计入管理费用，允许在所得税前扣除；其实际发生的研究费用比上年增长 10%以上的，可再按其实际发生额的 50%抵扣当年应纳税所得额，具体办法按照财政部、国家税务总局《关于促进技术进步有关财务税收问题的通知》（财工字〔1996〕41 号）和国家税务总局《关于促进技术进步有关税收问题的补充通知》（国税发〔1996〕152 号）规定执行；对重点绿色食品企业购置符合国家产业政策的技术改造国产设备，可享受国产设备投资抵免所得税优惠政策，具体办法按照财政部、国家税务总局《关于印发〈技术改造国产设备投资抵免企业所得税暂行办法〉的通知》（财税字〔1999〕290 号）和国家税务总局《关于印发〈技术改造国产设备投资抵免企业所得税审核管理办法〉的通知》（国税发〔2000〕13 号）执行。在增值税方面，绿色食品加工企业购进的农业产品进项抵扣率按 13%抵扣税款。对符合国家高新技术目录并经国家有关部门批准引进项目，进口国内不能生产的绿色食品加工设备和先进技术，根据国发〔1997〕37 号文件精神，免征进口关税和进口环节增值税。对从事绿色食品科技研究开发、生产和营销的企业，要视同环保产业和高科技产业给予优惠政策。

三是各部门要加强协作，共同支持绿色食品产业的发展。金融部门要加大对绿色食品开发项目的信贷扶持力度，有计划地扶持一批市场前景好、发展潜力大的绿色食品生产基地和加工龙头企业。商业银行要通过资质评估，对绿色食品企业核定一定的授信额度。在确定对绿色食品企业贷款时，要以企业授信等级为主要标准，不受银行对地区授信等级的限制。对信用等级在 AA 级（含 AA 级）以上，经济效益好、科技含量高、具有产品竞争优势的优良企业要尽可能简化手续，及时核发绿色食品企业的流动资金和固定资产贷款。农业综合开发项目、农业产业化项目、扶贫开发项目和国债项目要结合区域开发特点，将绿色食品产业的发展作为投入重点。省计委、经委、外经贸、科技、农业、林业、水利、乡企等部门的资金，在不改变投资渠道的前提下，要向绿色食品产业倾斜。鼓励绿色食品骨干企业打破部门、地区、行业和所有制的界限，以资产为纽带，以品牌经营为中心，优化资源配置，按照现代企业制度进行联合重组，组建一批股份有限公司，促进生产要素向优势企业集中。鼓励绿色食品企业充分利用资本市场（证券市场），筹集发展资金，积极创造条件上市。进一步加大招商引资的力度，积极有效地利用外资，做大做强我省绿色食品产业，提高绿色食品产业的外向度。

（三）实施可持续发展战略，高标准建设绿色食品原料生产基地

建立绿色食品原料供应基地就是建立省委省政府提出的“优质农产品供应基地”，是实施我省农业可持续发展的重要内容。各地、各部门要按照区域化布局、专业化生产、标准化管理、产业化经营和社会化服务的要求，突出地方特色，有计划地建设一批高标准、高起点、规模大、市场竞争力强的绿色食品生产基地。要用工业的理念经营绿色食品生产基地，要用工业化的思路推进绿色食品向产业化方向发展。要根据生态学原理和系统工程的方法，运用经济学规律，科学合理规划、划定绿色食品生产保护区，尽量减少人工合成的肥料、农药及其他有毒有害物质的投入，依法保护和持续有效地利用绿色食品基地，提高绿色食品生产基地专业化、商品化、市场化水平。各设区市要鼓励绿色食品龙头企业以订单、合同等形式兴办稳定的绿色食品原料基地，走“小规模、大群体”的路子。

（四）加快市场体系建设，搞活绿色食品流通

要逐步建立起统一开放、竞争有序的绿色食品市场体系。要按照市场经济规律的要求，瞄准国内外大中城市市场，不断开发适销对路的绿色食品，参与国际市场竞争。要在国道沿线及浙赣复线、京九线及主要的旅游路线，依托大宗的绿色食品产地、集散地和现有的农产品市场，建设绿色食品批发市场，形成贯通城乡，辐射省内外的市场网络。要大力培育市场经营和市场管理主体，积极加盟世界经营连锁企业，参与国际大循环。努力培养壮大一批营销型的龙头企业，在北京、上海、广州、深圳、天津等重点城市建立销售网络；依托农经网建立市场信息网站，构建营销信息网络，以便快速、准确地掌握国内外市场信息动态，制定科学的营销决策。要加强流通队伍特别是绿色食品专业流通队伍建设，大力发展民间流通协会等中介组织，鼓励机关干部、企业富余人员和城镇待业人员及农户直接从事绿色食品流通；要加强市场管理，按国际惯例建立起我省绿色食品市场的准入制度，严厉打击假冒伪劣商品，维护绿色食品知名品牌的市场形象，保护生产者、消费者和经营者的合法权益，加快我省绿色食品市场流通体系的建设步伐。

（五）加大宣传力度，增强全社会的绿色意识

各新闻媒体要进一步加大对绿色食品产业的宣传力度，并使之与宣传江西省的形象、宣传江西人的新形象有机地结合起来，增强全社会的绿色意识，促进绿色食品产业快速发展。要进一步加强绿色食品知识培训工作，全面提高各级领导干部、管理人员、生产者和经营者的绿色食品知识水平与技术业务水平。

（六）依靠科技进步，开发和推广绿色食品新技术

要把绿色食品产业的生产要求同现代先进的科学技术有机结合起来，不断强化高新技术在绿色食品生产、加工中的主导作用，提高绿色食品的科技含量。各级科技管理部门要高度重视绿色食品相关技术的研究工作，优先列入计划，给予专项科研经费支持，并使绿色食品享受新产品开发优惠政策。各有关大专院校和科研单位要积极加大对绿色食品及相关技术的研究和新产品开发的力度。努力培育出一批符合绿色食品要求的高产、优质、抗逆性强的新品种和与之配套的先进适用的栽培技术、饲养技术、加工技术及储运保鲜技术。有计划、有重点地引进国内外先进技术，为绿色食品产业的发展提供强有力的技术支撑。加大绿色食品有机生物肥料、生物农药、添加剂的研究和开发力度，促进绿色食品生产、加工、销售各环节的协调发展。制定符合我省实际和国际惯例的名特农产品的绿色食品质量标准及操作规程，并使绿色食品的标识制度运用更为规范。

（七）搞好环境治理，保护和改善生态环境

良好的生态环境是绿色食品产业发展的基础和前提。要强化生态意识，真正把保护和改善生态环境作为发展绿色食品产业的一项根本性措施来抓，要认真贯彻《中华人民共和国环境保护法》、《中华人民共和国森林法》、《中华人民共和国水法》、《中华人民共和国渔业法》等法律、法规，依法保护和改善生态环境，坚决制止任何破坏生态环境的行为。环保部门要加强管理，严禁在绿色食品生产区域建立有污染的工业企业，严禁超标准废水、废气和废渣的排放。加快绿色食品产业的立法步伐，建立绿色食品生态保护区。制订行之有效的绿色食品地方法规，保护生产者、经营者、消费者的合法权益，促进绿色食品事业的健康的发展。

参考文献

[1] Teece D. J., Pisano G. & Shuen A. Dynamic Capabilities and Strategic Management [J]. Strategic Management Journal, 1997 (18): 509-533.

[2] Barney J. B. Firm Resources and Sustained Competitive Advantage [J]. Journal of Management, 1991, 17 (1): 99-120.

[3] Prahalad C. K. & Hamel G. The Core Competence of the Corporation [J]. Harvard Business Review, 1990, 68 (3): 79-95.

[4] Leonard Barton D. Core Capabilities and Core Rigidities: A Paradox in Managing New Product Development [J]. Strategic Management Journal, 1992, 13 (2): 111-125.

[5] Teece D. J. & Pisano G. The Dynamic Capabilities of Firm: An Introduction [J]. Industrial and Corporate Change, 1994, 3 (3): 537-561.

[6] Collis D. J. Research Note: How Valuable are Organizational Capabilities [J]. Strategic Management Journal, 1994, 15 (1): 143-152.

[7] Winter S. G. The Satisfying Principle in Capability Learning [J]. Strategic Management Journal, 2000, 21 (3): 981-996.

[8] Cepeda G. & Vera D. Dynamic Capabilities and Operational Capabilities: A Knowledge Management Perspective [J]. Journal of Business Research, 2007 (60): 426-437.

[9] Wang C. L. & Ahmed P. K. Dynamic Capabilities: A Review and Research Agenda [J]. International Journal of Management Review, 2007, 9 (1): 31-51.

[10] Eisenhardt K. M. & Martin J. A. Dynamic Capabilities: What are they [J]. Strategic Management Journal, 2000, 21 (4): 1105-1121.

[11] Zollo M. & Winter S. G. Deliberate Learning and the Evolution of Dynamic Capabilities [J]. Organization Science, 2002, 13 (3): 339-351.

[12] Winter S. G. Understanding Dynamic Capabilities [J]. Strategic Management Journal, 2003, 24 (10): 199-200.

[13] Helfat. Know-how and Asset Complement and Dynamic Capability Accumulation: The Case of R&D [J]. Strategic Management Journal, 1997, 18 (5): 339-360.

[14] Steers R. M. Antecedents and Outcomes of Organizational Commitment [J]. Administrative Science Quarterly, 1977, 22 (1): 46-56.

[15] Connolly T., Conlon E. J. & Deutsch S. J. Organizational Effectiveness: A Multiple-Constituency Approach [J]. Academy of Management Review, 1980, 5 (2): 211-217.

[16] Kirchhoff B. A. Organization Effectiveness Measurement and Policy Research [J]. Academy of Management Review, 1977 (2): 347-355.

[17] Venkatraman N. & Ramanujam V. Measurement of Business Economic Performance: An Examination of Method Convergence [J]. Journal of Management, 1987 (13): 109-122.

[18] Van de Ven A. H., Hudson R. & Schroeder D. Designing New Business Start-ups: Entrepreneurial, Organizational, and Ecological Considerations [J]. Journal of Management, 1984 (10): 87-107.

[19] Brush C. G. & Vanderwerf P. A Comparison of Methods and Sources for Obtaining Estimates of New Venture Performance [J]. Journal of Business Venturing, 1994, 7 (2): 157-170.

[20] Robinson R. B. & Pearce J. A. Planned Patterns of Strategic Behavior and Their Relationship to Business Unit Performance [J]. Strategic Management Journal, 1988, 9 (1): 43-60.

[21] Yuchtman E. & Seashore S. E. A System Resource Approach to Organizational Effectiveness [J]. American Sociological Review, 1967, 32 (6): 891-903.

[22] Caswell. Food Safety Regulation: an Overview of Contemporary Issues [J].

Food Policy, 1998, 24 (3): 589-603.

[23] Annandale. Mining Company Approaches to Environmental Approvals Regulation: A Survey of Senior Environment Managers in Canadian [J]. Resources Policy, 2000 (26): 51-59.

[24] Shavell. Economic Analysis of Accident Law [M]. Cambridge: Harvard University Press, 1987: 133-135.

[25] Wall T. D., Michie J. & Patterson M., et al. On the Validity of Subjective Measures of Company Performance [J]. Personnel Psychology, 2004, 57 (2): 95-118.

[26] Etzioni A. Administrative and Professional Authority, Modern Organizations [J]. Engle Wood Cliffs, NJ: Prentice-Hall, 1960, 5 (2): 257-278.

[27] Azorin J., Cortes E., Gamero M. & Tari, J. Green Management and Financial Performance: Aliterature Review. Management Decision, 2009, 47 (7): 1086-1100.

[28] Wong S. The Influence of Green Product Competitiveness on the Success of Green Product Innovation [J]. European Journal of Innovation Management, 2012. 15 (4): 468-490.

[29] S. T. K., Shanahan, H. C. Green Supply Chains and the Missing Link between Environmental Information and Practice [J]. Business Strategy and the Environment, 2011, 19 (1): 14-25.

[30] Barr S., Ford N. & Gilg A. Green Consumption or Sustainable Lifestyles Identifying the Sustainable Customer [J]. Futures, 2005, 37 (6): 481-504.

[31] Lockwood D. The Reach Regulation: Challenges Ahead for Manufacturers of Articles [J]. Environmental Quality Management, 2008, 18 (1): 15-22.

[32] Nakada M. Does Environmental Policy Necessarily Discourage Growth? [J]. Journal of Economics, 2004, 81 (3): 249-275.

[33] Gatignon H. Xuereb J. M. Strategic Orientation of the Firm and New Product Performance [J]. Journal of Marketing Research, 1997, 34 (1): 77-90.

[34] Nonaka & Takeuchi H. The Knowledge Creating Company: How Japanese

Companies Create the Dynamics of Innovation [M]. New York: Oxford University Press, 1995.

[35] Christensen C. M., Bower J. L. Customer Power, Strategic Investment, and the Failure of Leading Firms [J]. Strategic Management Journal, 1996, 17 (3): 197-218.

[36] Danneels E. Dialogue on the Effects of Disruptive Technology on Firms and Industries [J]. Journal of Innovation Management, 2006, 23 (1): 24.

[37] Roberts E. B. Evolving toward Product and Market Orientation: The Early Years of Technology-Based Firms [J]. Journal of Product Innovation Management, 1990, 7 (4): 274-287.

[38] Narver J. C. & Slater S. F. The Effect of a Market Orientation on Business Profitability [J]. Journal of Marketing, 1990, 54 (4): 2035.

[39] Slater S. F. & Narver J. C. Customer-led and Market-oriented: Let's not Confuse the Two [J]. Strategic Management Journal, 1998, 19 (10): 1001-1006.

[40] Narver J. C., Slater S. F. & MacLachlan D. L. Responsive and Proactive Market Orientation and New-product Success [J]. Journal of Product Innovation Management, 2004, 21 (5): 334-347.

[41] Morgan N. A., Vorhies D. W. & Mason C. H. Market Orientation, Market Capabilities and Firm Performance [J]. Strategic Management Journal, 2009, 30 (8): 909-920.

[42] Hansen M. T. & Birkinshaw J. The Innovation Value Chain [J]. Harvard Business Review, 2007 (4): 121-130.

[43] Choo C. W. & Bontis N. The Strategic Management of Intellectual Capital and Organizational Knowledge [M]. New York: Oxford University Press, 2002.

[44] Hansen M. T. Knowledge Networks: Explaining Effective Knowledge Sharing in Multiunit Companies [J]. Organization Science, 2002, 13 (3): 232-248.

[45] Lumpkin G. T. & Dess G. G. Clarifying the Entrepreneurial Orientation Construct and Linking it to Performance [J]. Academy of Management Review, 1996 (211): 135-172.

[46] Hurley R. F., Hult G. T. M. Innovation, Market Orientation, and Organizational Learning: An Integration and Empirical Examination [J]. Journal of Marketing, 1998, 62 (3): 42-54.

[47] Christensen C. M. The Innovator's Dilemma: When New Technologies Cause Great Firms to Fail [M]. Boston: Harvard Business School Press, 1997.

[48] Atuahene-Gima K., Murray J. Y. Exploratory and Exploitative Learning in New Product Development: A Social Capital Perspective on New Technology Ventures in China [J]. Journal of International Marketing, 2007, 15 (2): 1-29.

[49] Gupta A. K., Smith K. G. & Shalley C. E. The Interplay between Exploration and Exploitation [J]. Academy of Management Journal, 2006, 49 (4): 693-706.

[50] Narver J. C., Slater S. F. The Effect of Market Orientation on Business Profitability [J]. Journal of Marketing, 1990, 54 (4): 467-477.

[51] Jansen J. P., Frans A. J., Van Den Bosch H. Volberdaw, Exploratory Innovation, Exploitative Innovation, and Performance: Effects of Organizational Antecedents and Environmental Moderators [J]. Management Science, 2006, 52 (11): 1661-1674.

[52] Atuahene-Gima K. & Ko A. An Empirical Investigation of the Effect of Market Orientation and Entrepreneur-ship Orientation Alignment on Product Innovation [J]. Organization Science, 2001, 12 (1): 54-74.

[53] Ketchen D. J., Thomas J. B. & Snow C. C. Organizational Configurations and Performance: A Comparison of Theoretical Approaches [J]. Academy Management Journal, 1993, 36 (4): 1278-1313.

[54] Christensen C. M. & Raynor M. E. The Innovator's Solution: Creating and Sustaining Successful Growth [M]. Boston: Harvard Business School Press, 2003.

[55] Cooper L. M., Seiford K. & Tone J. Zhu. Some Models and Measures for Evaluating Performances with DEA: Past Accomplishments and Future Prospects [J]. Prod Anal, 2007 (28): 151-163.

[56] 钱峰燕. 茶叶质量安全管理问题研究——以浙江为例的理论与实证分析 [D]. 浙江大学博士学位论文，2005：75-80.

[57] 汤新华. 农业产业化龙头企业绩效评价研究 [M]. 北京：中国农业出版社，2009：120-124.

[58] 陈超，邸长慧. 农业龙头企业带动农户能力评价体系的构建 [J]. 市场周刊理论研究，2007（4）：1-4.

[59] 池泽新，汪固华. 基于农户视角的农业龙头企业绩效评价研究——以江西为例 [J]. 江西农业大学学报（社会科学版），2011（9）：24-30.

[60] 林义屏. 市场导向、组织学习、组织创新与组织绩效间关系之研究——以科学园区信息电子产业为例 [D]. 中国台湾：中山大学博士学位论文，2001：101-107.

[61] 陈磊，张春霞，许佳贤. 基于 DEA 的农业产业化龙头企业带动农户能力评价研究——以福建省 87 家龙头企业为例 [J]. 经济问题，2011（2）：45-51.

[62] 贺小刚. 动态能力的测量与功效——基于中国企业的实证研究 [J]. 管理世界，2006（3）：94-103.

[63] 焦豪，魏江，崔瑜. 企业动态能力构建路径分析：基于创业导向和组织学习导向 [J]. 管理世界，2008（4）：91-106.

[64] 曹红军，赵剑波. 动态能力如何影响企业绩效——基于中国企业的实证研究 [J]. 南开管理评论，2008（11）：54-62.

[65] 瓮怡洁. 有机农业：法律规制与政策扶持 [J]. 华南农业大学学报（社会科学版），2011（7）：37-42.

[66] 陈雨生，乔娟，闫逢柱. 农户无公害认证蔬菜生产意愿影响因素的实证分析——以北京市为例 [J]. 农业经济问题，2009（6）：34-39.

[67] 胡定寰，陈志钢，孙庆珍. 合同生产模式对农户收入和农产品安全的影响——以山东省苹果产业为例 [J]. 中国农村经济，2006（11）：17-24.

[68] 卫龙宝，王恒彦. 安全果蔬生产者的生产行为分析——对浙江省嘉兴市无公害生产基地的实证分析 [J]. 农业技术经济，2005（6）：2-9.

[69] 周应恒，卓佳，谢美婧. 农户交易模式与农产品质量安全标准选择——一个基于交易费用经济学视角的分析框架的介绍 [J]. 山西农业大学学报（社会科学版），2010（1）：44-47.

[70] 杨万江. 安全农产品生产经济效益研究——基于农户及其关联企业的实

证分析［D］. 浙江大学博士学位论文，2006：41-50.

［71］王可山，王芳. 质量安全保障体系对农户安全农产品生产行为影响的调查分析［J］. 中国食物与营养，2010（9）：12-16.

［72］王运浩. 中国绿色食品和有机食品“十二五”发展的目标任务及2011年工作重点［J］. 农产品质量与安全，2011（2）：10-14.

［73］严立冬，邓远建，李胜强，杜巍. 绿色农业产业化经营论［M］. 北京：人民出版社，2009：26-31.

［74］高国盛，闫俊强. 农业标准化生产经营微观决策分析［J］. 经济问题，2010（3）：86-89.

［75］王德章，赵大伟，杜会永. 中国绿色食品产业结构优化与政策创新［J］. 中国工业经济，2009（9）：70-76.

［76］韩杨. 中国绿色食品产业演进及其阶段特征与发展战略［J］. 中国农村经济，2010（2）：32-39.

［77］宋德军，刘阳. 中国绿色食品产业结构优化研究［J］. 北京农学院学报，2008，23（4）：53-56.

［78］靳明. 绿色农业产业成长研究［D］. 西北农林科技大学博士学位论文，2008：35-44.

［79］刘连馥. 绿色食品导论［M］. 北京：企业管理出版社，1998：12-18.

［80］周云峰. 绿色食品及其产业集群与区域品牌关联发展研究［J］. 特区经济，2010（5）：76-79.

［81］王德章，李翠霞，杜会永. 黑龙江省绿色食品产业竞争优势研究［J］. 农业经济问题，2011（1）：39-44.

［82］宋国宇，王锦良，尚旭东. 我国绿色食品产业发展影响因素的动态演进与发展机理［J］. 技术经济，2011（8）：6-11.

［83］刘呈庆. 绿色品牌发展机制实证研究［D］. 山东大学博士学位论文，2010：4-10.

［84］林万龙，张莉琴. 农业产业化龙头企业政府财税补贴政策效率：基于农业上市公司的案例研究［J］. 中国农村经济，2004（10）：46-52.

［85］陈启杰，江若尘，曹光明. “市场—政策”双重导向对农业企业绩效的

影响机制研究——以泛长三角地区农业龙头企业为例［J］. 南开管理评论，2011（5）：123-131.

［86］王亚静，毕于运，唐华骏. 湖北省农产品加工产业绩效评价 ［J］. 农业技术经济，2010（1）：71-78.

［87］杨军芳，郑少锋. 2006~2008 年农业上市公司经营绩效评价及比较［J］. 哈尔滨工业大学（社会科学版），2010（3）：74-81.

［88］沈晓明. 论农业产业化政策的市场性目标与公益性目标的冲突——兼析农业上市公司的竞争力减弱现象［J］. 农业经济问题，2002（5）：18-22.

［89］刘兆德. 财税补贴政策对农业公司经营绩效影响的实证分析——以西部农业上市公司为例［J］. 西安财经学院学报，2011（5）：56-61.

［90］王昌. 财税补贴对农业产业化龙头企业绩效的影响［J］. 经济论坛，2009（8）：45-53.

［91］邹彩芬，许家林. 政府财税补贴政策对农业上市公司绩效影响实证分析［J］. 农业经济问题，2006（3）：78-84.

［92］汤新华. 政策扶持对农业类上市公司业绩的影响［J］. 福建农林大学学报，2003（6）：33-35.

［93］金赛美，汤新华. 优惠政策对农业上市公司利润的影响［J］. 农业与技术，2003（12）：60-65.

［94］彭熠，和丕禅. 农业产业化龙头企业建设—— 一个发展极理论视野中的观点［J］. 浙江大学学报，2005（11）：43-29.

［95］杨明洪. 农业产业化龙头企业的扶持：一般性的理论分析框架［J］. 南京社会科学，2009（5）：24-29.

［96］郭建宇，牛青山. 农业产业化扶持政策效果分析 ［J］. 经济问题，2009（10）：33-38.

［97］王朝才，傅志华. "三农"问题财税政策与国际经验借鉴 ［M］. 北京：经济科学出版社，2006：89-95.

［98］朱湖根. 我国财政扶持农业产业化对农民收入增长影响的贡献分析［J］. 农业技术经济，2007（4）：103-108.

［99］施建军，崔海云. 绿色创新、消费者偏好与有机食品企业绩效的关系研

究——基于北京市和南京市的调研［J］. 江淮论坛，2013（4）：38-43.

［100］张方. 协同创新对企业竞争优势的影响——基于熵理论及耗散结构论［J］. 社会科学家，2011（8）.

［101］黄家齐，王思峰. 知识创造及创新绩效知识螺旋理论的新观点验证［J］. 组织与管理，2008，1（1）：39-72.

［102］张徽燕，何楠，高远辉. 组织学习能力双元性创新与企业绩效间关系的实证研究［J］. 技术经济，2014（5）.

［103］伍勇，梁巧转，魏泽龙. 双元技术创新与市场导向对企业绩效的影响研究：破坏性创新视角［J］. 科学学与科学技术管理，2013（6）.

［104］方杰，张敏强，邱皓政. 中介效应的检验方法和效果测量：回顾与展望［J］. 心理发展与教育，2012（1）.

［105］江梦微. 江西省万载县绿色食品发展的现状、问题及对策研究［D］. 江西农业大学，2012（6）.

［106］李国强. 河南省绿色食品产业发展现状及发展策略研究［J］. 黑龙江对外经贸，2011（6）：56-58.

［107］爱德华·弗里曼. 战略管理：利益相关者理论［M］. 上海：上海译文出版社，2006.

［108］骆正清，杨玲. 国有企业利益相关者激励与约束问题研究［J］. 华东经济管理，2006（6）：27-30.

［109］王唤明，江若尘. 利益相关者理论综述研究［J］. 经济问题探索，2007（4）：11-14.

［110］王斌，李苹莉. 关于企业预算日标确定及其分解的理论分析［J］. 会计研究，2001（8）：43-47.

［111］谢飞，袁大祥. 应用数据包络分析（DEA）评价水电站投入产出效率［J］. 水利经济，2008（4）.

［112］汤新华. 农业产业化龙头企业绩效评价指标体系的构建［A］. 中国会计学会. 中国会计学会 2007 年学术年会论文集（下册）［C］. 中国会计学会，2007：15.